北海道 バリアフリー 観光ガイド

HKワークス、牧野准子 著

北海道新聞社

目次

はじめに　本書の使い方 …………………… 6

バリアフリーな旅を楽しむには ………… 8

旅の安心チェックリスト …………… 11

札幌の都心はここを歩こう　日帰りモデル
コース、札幌市営地下鉄路線図 …………… 12

気軽に楽しむ札幌東西エリア　日帰りモデル
コース ……………………………… 13

札幌南北エリアの魅力を発見　日帰りモデル
コース ……………………………… 14

センチュリーロイヤルホテル、札幌ビュー
ホテル大通公園、札幌パークホテル、JR
タワーホテル日航札幌…………………… 15

京王プラザホテル札幌、ホテルエミシア
札幌、札幌市保養センター駒岡、定山渓
万世閣ホテルミリオーネ、定山渓第一寶
亭留　翠山亭 ……………………… 16

ぬくもりの宿ふる川、定山渓　鶴雅リゾー
トスパ　森の謌、さっぽろテレビ塔 ………… 17

天候を気にせず楽しくショッピングでき
る街「さっぽろ」（札幌ステラプレイス＋
アピア＋エスタ＋パセオ＋札幌駅前通地
下歩行空間（チ・カ・ホ）＋さっぽろ地
下街　オーロラタウン・ポールタウン）……… 18

JRタワー展望室タワー・スリーエイト、
大通公園、北3条通り（赤れんが庁舎・
アカプラ）、札幌市時計台、札幌市民交流
プラザ…………………………………… 19

北海道大学総合博物館、北海道大学イン
フォメーションセンター　エルムの森、
サッポロファクトリー、札幌狸小路商店
街、すすきの、モエレ沼公園 …………… 20

nORBESA観覧車　ノリア、豊平館、北海
道立文学館、札幌ドーム、百合が原公園 …21

札幌　もいわ山ロープウェイ、大倉山展望
台リフト、札幌オリンピックミュージア
ム、白い恋人パーク、札幌市円山動物園 …22

北海道立近代美術館、サンピアザ水族館、
札幌市青少年科学館、野外博物館　北海道
開拓の村、札幌芸術の森、豊平峡ダム　ハ
イブリッド電気バス ……………………… 23

アサヒビール北海道工場、サッポロビー
ル園、札幌市中央卸売市場　場外市場、
ニューオータニイン札幌　1階ランデブー
ラウンジ…………………………………… 24

ペンギンベーカリーカフェ　美園店、ピッ
ツェリア　ダルセーニョ・ドゥエ、プロヴィ
ンシャルノート ……………………… 25

香香厨房　パセオ店、銀座ライオン　大通
地下街店、梅の花　札幌店、一松　魚力、
スナック椙 ……………………………… 26

魚河岸　甚平、魚吉別邸　恵宙、福の樹……… 27

道央　札幌からすぐ！千歳周辺で楽しむ、
札幌から石狩〜増毛の海岸線を巡る　日帰
りモデルコース …………………………… 28

道央　有珠の懐で過ごす休日　1泊2日モ
デルコース ……………………………… 29

グランドホテルニュー王子、休暇村　支笏
湖、ANAクラウンプラザホテル千歳、第
一滝本館………………………………… 30

ザ　レイクビュー TOYA　乃の風リゾート、
緑の風リゾートきたゆざわ ……………… 31

レイクサイドヴィラ翠明閣、えこりん村、サケのふるさと 千歳水族館、支笏湖（ビジターセンター） ………………… 32

ノーザンホースパーク、ウポポイ（民族共生象徴空間） ………………… 33

洞爺湖ビジターセンター・火山科学館、洞爺湖（洞爺湖汽船） ………………… 34

登別マリンパークニクス、のぼりべつクマ牧場、道の駅 みたら室蘭、国稀酒造 …… 35

地球岬、千歳アウトレットモール・レラ、新千歳空港ターミナルビル ………………… 36

三井アウトレットパーク札幌北広島、わかさいも本舗 洞爺湖本店・レストラン仙堂庵 … 37

ベーカリーショップななかまど、ファームレストラン ウエムラ・ビヨンド、佐藤水産 サーモンファクトリー店、道の駅石狩 あいろーど厚田、道の駅 おびら鰊番屋… 38

道央 ①人気の小樽と余市をエンジョイ 日帰りモデルコース、②ニセコの自然と芸術を探訪 1泊2日モデルコース ………… 39

オーセントホテル小樽、グランドパーク小樽 ………………… 40

おたる宏楽園、ニセコ温泉郷 いこいの湯宿 いろは ………………… 41

木ニセコ、スカイニセコ、小樽運河、運河プラザ、三号館北一ホール ……………… 42

日本銀行旧小樽支店 金融資料館、小樽オルゴール堂2号館 アンティークミュージアム、新南樽市場、田中酒造 亀甲蔵 ……… 43

小樽市総合博物館、ウイングベイ小樽、にしん御殿小樽貴賓館（旧青山別邸）、余市宇宙記念館、ニッカウヰスキー余市蒸溜所 ………………… 44

倶知安を学ぶ（倶知安風土館＋小川原脩記念美術館）、神仙沼自然休養林 ………… 45

有島記念館、ふきだし公園、木田金次郎美術館、おたる屋台村レンガ横丁 おたる屋台村ろまん横丁、小樽洋菓子舗ルタオ本店 … 46

柿崎商店 食事処「海鮮工房」、武田鮮魚店 味処たけだ、きのこ王国 仁木店、中山峠 峠の茶屋「山カフェ」、道の駅 ニセコビュープラザ ………………… 47

道央 ①空知の炭鉱・鉄道を楽しむ昭和レトロ旅、②胆振夫婦川流域を巡る旅 日帰りモデルコース ………………… 48

道央 優駿の里から天馬街道をゆく日高・十勝の旅 2泊3日モデルコース …………… 49

しんしのつ温泉たっぷの湯、ログホテルメープルロッジ、新冠温泉レ・コードの湯 ホテルヒルズ、みついし昆布温泉 蔵三… 50

うらかわ優駿ビレッジＡＥＲＵ、びらとり温泉ゆから、蔵元 北の錦記念館、三笠鉄道村 ………………… 51

夕張市石炭博物館、ゆにガーデン ………… 52

芽生すずらん群生地、平取町立二風谷アイヌ文化博物館、二十間道路桜並木、町民保養施設 静内温泉 ………………… 53

道の駅 あびら D51 ステーション、新冠町レ・コード館、襟裳岬「風の館」、月形樺戸博物館、道の駅 マオイの丘公園、道の駅 ウトナイ湖 ………………… 54

道南 渡島・檜山の食と歴史を楽しむ 2泊3日モデルコース ………………… 55

HOTEL&SPA センチュリーマリーナ函館、HAKODATE男爵倶楽部HOTEL&RESORTS、湯の浜ホテル、グリーンピア大沼 ………… 56

バリアフリーホテルあすなろ、元和台海浜公園 海のプール ………………… 57

奥尻島 御宿きくち、温泉ホテルきたひやま、大沼国際交流プラザ ………………… 58

北島三郎記念館、函館山ロープウェイ …… 59

五稜郭（五稜郭タワー＋五島軒 函館カレー EXPRESS 五稜郭タワー店＋箱館奉行所）） ………………………………… 60

旧イギリス領事館、金森赤レンガ倉庫、北檜山グリーンパーク、ピリカ旧石器文化館、ハートランドフェリー 江差支店・カランセ奥尻 ………………………… 61

美しい海と風の街「せたな」（三本杉海水浴場＋奇岩 親子熊岩＋洋上風車 風海鳥）… 62

歴史と文化が残るいにしえの街「えさし」（江差追分会館・江差山車会館＋開陽丸記念館＋いにしえ街道） ………………… 63

奥尻島津波館、五島軒本店 レストラン雪河亭 ………………………………… 64

函館朝市、ラッキーピエロ 峠下総本店、ラッキーピエロ マリーナ末広店、函館ひかりの屋台大門横丁、はこだてわいん葡萄館本店 ………………………… 65

Cafe&Deli MARUSEN、いか太郎 ２号店、函館カール・レイモン レイモンハウス元町店、THE DANSHAKU LOUNGE、クアプラザピリカ レストラン Rera ………… 66

そば処元気屋、漁師の直売店 浜の母さん食事処 ………………………… 67

道東 ①北海道の温泉と大自然に触れに知床へ、②十勝、阿寒をじっくりと巡る旅３泊４日モデルコース ………………… 68

道東 夏は花、冬は流氷を見にオホーツクへ２泊３日モデルコース ………… 70

森のスパリゾート北海道ホテル、ホテル日航ノースランド帯広、十勝川温泉 第一ホテル 豊洲亭・豆陽亭 ………………… 71

ホテル大平原、しほろ温泉プラザ緑風、国民宿舎 新嵐山荘、十勝ナウマン温泉ホテルアルコ、ほっこりお宿 和みの風 …… 72

プチホテル ピュア・フィールド風曜日、屈斜路プリンスホテル、ホテル網走湖荘、北天の丘あばしり湖 鶴雅リゾート ………… 73

山花温泉リフレ、ホテルオホーツクパレス紋別、知床時間を過ごす（北こぶし知床 ホテル＆リゾート＋KIKI 知床 ナチュラルリゾート） ………………… 74

オホーツク温泉ホテル日の出岬、海山美味の宿 サロマ湖 悠林館、東横イン北見駅前、ホテル黒部、真鍋庭園 ……………… 75

オベリベリ温泉 水光園、十勝ヒルズ、ガーデンスパ十勝川温泉、十勝千年の森、ばんえい十勝（帯広競馬場） ……………… 76

道の駅 あしょろ銀河ホール 21、摩周湖レストハウス、砂湯（屈斜路湖）、和琴半島（屈斜路湖）、メジェールファーム、塘路湖エコミュージアムセンター ……… 77

阿寒湖（湖上遊覧・マリモ展示観察センター＋阿寒湖アイヌシアターイコロ） …… 78

釧路市湿原展望台、流氷とアザラシを楽しむ「オホーツク」（ガリンコ号II ＝海洋交流館＝＋オホーツクタワー＋とっかりセンター＝アザラシランド・シーパラダイス＝） ………………………… 79

花と香りの里「たきのうえ」（芝ざくら滝上公園＋滝上渓谷 錦仙峡＋陽殖園＋香りの里ハーブガーデン） ………………… 80

歴史・文化・景色を楽しむ「あばしり」（博物館網走監獄＋北海道立北方民族博物館

＋オホーツク流氷館）…………… 81

活汲アール・ブリュット美術館、道の駅
サロマ湖、能取湖（サンゴ草群落地）……… 82

かみゆうべつチューリップ公園、北の大
地の水族館（山の水族館）、知床五湖フィー
ルドハウス、知床自然センター、柳月ス
イートピア・ガーデン ……………… 83

北の屋台、十勝豚肉工房 ゆうたく、十勝
トテッポ工房、高橋まんじゅう屋、釧路
フィッシャーマンズワーフ MOO、丹頂が見
える店 どれみふぁ空 …………… 84

釧路和商市場、紋別漁師食堂、オホーツ
クバザール、道の駅 うとろ・シリエトク … 85

道北 花のある風景 富良野・美瑛の旅路
日帰りモデルコース ……………… 86

道北 親子 3 世代 見て食べて体験の旅
1 泊 2 日モデルコース ……………… 87

ホテル大雪、森のゆ ホテル花神楽、ハイ
ランドふらの ……………… 88

ホテルクレッセント旭川、富良野ナチュ
ラクスホテル、芦別温泉スターライトホ
テル、三浦綾子記念文学館 …………… 89

旭川市旭山動物園、井上靖記念館、上野
ファーム ……………… 90

北鎮記念館、男山酒造り資料館、青い池 … 91

プロヴァンスのラベンダー 歴史を受け継ぐ
農場（ファーム富田＋ファーム富田 ラベン
ダーイースト）、後藤純男美術館・レストラ
ンふらのグリル、大雪 森のガーデン ……… 92

トリックアート美術館、大雪山層雲峡・
黒岳ロープウェイ …………… 93

たきかわスカイパーク、大橋さくらんぼ

園、大函、銀河の滝、流星の滝、大雪地ビー
ル館 ……………… 94

あさひかわラーメン村、QUON チョコレー
ト旭川、ラーメンの蜂屋本店、フラノマ
ルシェ、ふらのワインハウス ………… 95

道北 オロロンラインで最北の地を訪ねる
3 泊 4 日モデルコース ……………… 96

アイランドイン リシリ、礼文島プチホテ
ル コリンシアン、とままえ温泉ふわっと、
はぼろ温泉サンセットプラザ、稚内温泉
童夢、宗谷岬 ……………… 98

稚内市樺太記念館、稚内副港市場、白い道、
北防波堤ドーム ……………… 99

旧瀬戸邸、サロベツ湿原センター、北海
道海鳥センター ……………… 100

キタカラ、稚内丸善マリンギフト港店、
北海道立サンピラーパーク、トロッコ王
国美深 ……………… 101

バリアフリー観光のポータルサイト・ツ
アーデスク（相談窓口） …………… 102

持っていくと便利な旅の道具 ………… 104

旅のサポーターサービス ………… 106

北海道でバリアフリー旅をしてみた …… 108

北海道 交通マップ ……………… 110

車いすでの交通機関の利用 ………… 112

困ったときの連絡先 …………… 117

障がい者割引施設一覧 …………… 118

編集後記 ……………… 119

はじめに

　北海道を旅したい。グルメや温泉、名所見物や買い物を楽しみたい―そう願う高齢の方や障がいのある方がたくさんいます。しかし、バリアフリーの情報がなかなか得られず、旅行をあきらめてしまう方も少なくありません。

　本書は、そうした方たちにこそ、北海道の旅を楽しんでもらいたいという思いから生まれました。著者は長年にわたりバリアフリー観光を推進している札幌の旅行会社ＨＫワークスと、自らも車いす使用者でバリアフリーへの提言や講演を手がける札幌の建築士・牧野准子。両者がそれぞれの経験と視点から、バリアフリーの配慮がなされている道内の宿泊施設や観光施設、グルメや買い物スポットなどをできる限り多く紹介しました。さらに全国の福祉団体・観光団体でつくる日本ＵＤ観光協会様からも情報提供をはじめ数多くのご協力をいただきました。

　本書が一人でも多くの方の旅を実現する手助けになれば幸いです。

2020年8月　著者一同

本書の使い方

2020年春以来、新型コロナウイルスの感染拡大を防ぐため、多くの施設が休業や営業時間の短縮、一部サービスの縮小や中止を行ってきました。本書で紹介している情報は原則として通常時のものですが、施設によっては通常時と異なる営業を行っている場合があります。お出かけの前に確かめておくと安心です。

※宿泊施設については基本的に、バリアフリールームもしくはバリアフリー対応ルームがある施設を中心に掲載していますが、それぞれの施設でつくりが異なるので、宿泊の際は事前に確認されることをおすすめします。

●ピクトグラム（絵文字）

施設ごとに、どのようなバリアフリー対応をしているのかをピクトグラムで表しています。それぞれの意味は以下の通りです。

ピクトグラムの意味

- 駐車場あり
- 障がい者・高齢者・妊産婦優先駐車場あり
- 点字ブロック設置あり
- 点字案内あり
- 音声案内あり
- 車いす使用者利用可能トイレあり
- オストメイト対応トイレあり
- 車いす貸し出しあり
- ベビーカー貸し出しあり
- 温泉（客室風呂）あり
- 温泉（貸し切り風呂）あり
- 食事形態：バイキング
- 食事形態：個食または部屋食
- バリアフリー対応食（アレルギー食、きざみ食、量の調整などの食事対応）あり

●総合タイトル
同じ地域に複数の施設があるときはまとめて紹介しています。

●施設の分類
紹介する施設を目的別に「泊まる」「遊ぶ・見る・体験する」「食べる・買う」の三つに分類しています。

●著者アイコン
この施設を著者のどちらが紹介しているかをアイコンで示しています。はHKワークス、 は牧野です。<HK><牧野>と文字だけで表示している場合もあります。

五稜郭

遊ぶ・見る・体験する

五稜郭タワー

住　所
函館市五稜郭町43の9

営業時間
8～19時（10/21～4/20は9～18時）、無休

☎0138-51-4785・Fax 0138-32-6390

料　金
大人900円、中高生680円、小学生450円（福祉割引あり）

アクセス
市電五稜郭公園前から徒歩15分

食べる・買う

●五島軒 函館カレー EXPRESS 五稜郭タワー店

<HK>

住　所：函館市五稜郭町43の9
営業時間：11時半～21時（11～3月は20時半まで）、無休

☎0138-52-5811（Fax 同じ）
料　金：イギリスカレー1,100円
あいがけカレー＝写真＝1,320円など

遊ぶ・見る・体験する

●箱館奉行所

<HK>

※入り口段差あり／車いす使用者対応コースあり

住　所：函館市五稜郭町44の3
営業時間：9～18時（11～3月は17時まで）

☎0138-51-2864・Fax 0138-51-2548
料　金：一般500円、学生・生徒・児童250円、未就学児は無料（福祉割引あり）

箱館奉行所（函館市教委提供）

1階アトリウムに立つ土方歳三の像

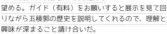
●行ってきました!!

五稜郭タワーは高さ107メートル。展望台から星形の特別史跡五稜郭が大地に輝く姿を見ることができ、函館山や津軽海峡、横津連峰も望める。ガイド（有料）をお願いすると展示を見て回りながら五稜郭の歴史を説明してくれるので、理解と興味が深まること請け合いだ。

床が強化ガラス製の「シースルーフロア」では、高さに思わず足がすくむ。高所恐怖症の方はご注意を。「函館五稜郭オリジナルコンピューター手相占い」が気になり、車いすでも手が届いたので1回350円で占ってもらいワクワクするひとときを楽しんだ。

施設内は車いすトイレやエレベーターも完備され、バリアフリーに対応している。土方歳三のブロンズ像も存在感があり、触ってパワーを分けてもらいたくなるほどだ。館内のレストラン、五島軒 函館カレー EXPRESS 五稜郭タワー店では明治時代から続く名店五島軒の伝統的なカレーが気軽に味わえる。五稜郭公園には2010年に復元された箱館奉行所もあり、ぜひ見ておきたい。

タワーの展望台から見下ろす五稜郭

お願いするとガイドが受けられる

●営業時間
商業施設の営業時間や公的施設の開館時間と休業日を示しています。宿泊施設は原則として掲載していません。ただし、ここに示した営業時間以外にも、年末年始に休業したり営業時間を変更したりする施設、定休日が祝日のときは営業して翌日などに休む施設が多くあります。事前にホームページなどで確認しておくと安心です。

●〈行ってきました!!〉または〈おすすめポイント〉
著者が足を運んで感じたことやおすすめする点などをそれぞれの視点から紹介しています。

●特記事項
ピクトグラムで示した項目以外でバリアフリーにかかわる事柄を※マークを付けて特記事項として紹介しています。

●料金
料金は変更されることがあります。また、宿泊施設は季節や宿泊プランに応じてさまざまな料金プランがあるので、一部を除いて掲載していません。障がいのある方や高齢の方への割引がある施設は（福祉割引あり）と表示しています。障がい者手帳の提示など割引を受ける条件や割引料金はそれぞれの施設へ問い合わせるか、ホームページなどで確認してください。

※掲載した情報は2020年8月現在のものです。

バリアフリーな旅を楽しむには

「いろいろ見て回って、おいしいものもいっぱい食べて旅を楽しみたい」と思う人は多いでしょう。その半面「昔のように歩くのはしんどい」「旅先で具合が悪くなったらどうしよう」「今は布団より、ベッドの方が楽だよなぁ」といった不安や心配もあるでしょう。

久しぶりの旅行は、思っているより疲れるもの。心配しながら旅をしてもくつろげず、かえってストレスになりかねません。余裕をもったスケジュールを組み、心配な点を前もって調べ、不安を解消しておくことがバリアフリーな旅を計画するコツです。

①一番を決めよう　一番が達成できた旅＝満足度の高い旅

例えば、大自然の絶景を眺めたい、温泉にゆっくり漬かって宿でのんびりしたい、その土地の旬の料理を地元の店で楽しみたい、もう一度思い出の地を訪ねたいなど旅先で一番したいことは何かを考えてみましょう。

一番の目的が達成できた旅は、満足度の高い楽しい旅となります。また、目的を決めることで、その後のスケジュールが組みやすくなってきます。

そうは言っても、やりたいことがたくさんある―。そんな場合は「これができたら次はこれ」というふうに優先順位を決め、一つずつ加えていきましょう。

②ゆったり・ゆっくりの余裕が旅を快適に

旅行中は楽しい、うれしい、おいしいとテンションも上がり気味。その分普段の生活に比べて疲れやすくなるので無理は禁物です。移動中のトイレや食事は思っていたより時間がかかり、ストレスを感じることも。

大切なのは「今日はもう一つくらい見て回れたかも…」「思っていたより早く宿に着いたな」くらいの余裕です。「ちょっと物足りないかな？」と思うくらいのスケジュールが、体をいたわり、ストレスをためないバリアフリー旅の大切なポイントです。

③旅行日数を決めるには

旅行する人の体力や、体の状況に合わせて旅行日数を決定しましょう。主治医やケアマネージャーら普段から接している人に相談したり、アドバイスを求めたりするのも旅行日数を決めるのに役立ちます。

北海道は広く、移動するだけでも大変です。まとまった日数をかけて旅行する場合も途

中に連泊する宿を設けて休息日をつくるなど、体調を整える工夫をしましょう。

④事前の情報収集＝答えを知っている安心感

・どこに聞けばいいの？

　旅行の情報を得たいけれど、どこに聞けばよいか分からない―。そんなときに役立つ相談窓口があります（102 〜 103 ページを参照）。訪れたい観光施設やその地にある観光協会などに問い合わせてみるのもいいでしょう。

・どのように聞けばいいの？

　旅行の際に心配なことや、知っておきたいことは人それぞれ違います。事前にこちらの（身体）状況を伝えて知りたいことを聞いておくと、自分に合った宿や観光施設を選ぶ際に判断材料となり、より快適な旅につながります。とはいえ、何を伝えればよいのか、どのようなことを聞けばよいのか戸惑う人も多いでしょう。そんなときは 11 ページのチェックリストをお役立てください。

⑤一緒に旅する人（ご家族・友人ら）と互いに楽しもう

　相手を思うあまり、自分が楽しむことを遠慮してしまっては、旅の楽しさも薄れてしまいます。せっかくの旅行です。介助する人、される人、お互いが楽しめるプランを考えてみましょう。

　例えば、ロープウエーから絶景を見たり、遊覧船で湖上から岸辺に広がる風景を眺めたりするなら同じ場所から同じ目線で楽しめますし、収穫やものづくりなど一緒にできる観光体験は旅から帰ってきた後も同じ話題で盛り上がれます。旅行先でサポートしてくれる人を頼んで同行してもらうことで、お互いが気兼ねなく楽しめる範囲を広げる方法もあります（106 〜 107 ページを参照）。

⑥福祉割引サービスを上手に使おう

　障がい者手帳や年齢が分かる証明書などを提示すると、料金の割引や優先乗車などのサービスを受けられる施設や交通機関があります。上手に活用しましょう。

⑦身軽に動ける工夫を

　大きな荷物を持ったままでの移動や見学は大変です。事前に宿へ連絡を入れ、可能なら宿泊日に合わせて荷物を先送りしておくと便利です。シャワーチェアやバスマットなど福祉用具の貸し出しサービスをしている宿もあります。予約の際に何を借りられるかを聞き、事前に申し込んでおくのも荷物を減らす一つの方法です。

⑧旅行保険は、転ばぬ先のつえ

　慣れない旅先で転んでけがをするなど思わぬ事故もあり得ます。旅先で入院ともなれば大きな出費になってしまいます。旅行保険に加入し、安心を備えることをおすすめします。

旅　行　中

計画を立て準備万端！　さあ、いよいよ出発です。体調管理に気を付けて、一期一会を大切に楽しい旅時間を過ごしましょう。

①座りっぱなし（同じ姿勢）に注意

北海道は広いので列車や自動車などに乗っている時間が長くなります。長時間の移動は、思っている以上に体に負担をかけるもの。脚を伸ばす、腕や首を回す、いすから離れて体をほぐすなど、動かせる範囲で体を動かすことを意識しましょう。

②水分補給を忘れずに

観光や入浴などで知らないうちに汗をかいているものです。脱水症状は体調を崩す大きな要因となるので、こまめに水分を取りましょう。

③トイレは我慢しない（トイレの場所は事前に確認を）

旅行中は気づかないうちに緊張していることが多々あります。おのずとトイレに行く回数も増えるものです。移動中の高速道路、見学したい観光施設、食事をする場所、宿での就寝などさまざまな場面で、自分が使えるトイレがあるのか、そこになくてもすぐ近くにあるのかなど、安心して水分補給をするためにも事前に情報を収集しておきましょう。

高速道路や道の駅など時期によっては混雑し、待たなくてはいけないこともあります。もしもに備えて携帯トイレや防水シート、普段は使っていなくても紙パンツなどの用意をしておくと安心感につながります。

④薬の飲み忘れに注意！

旅先で食事する場所は、客室、食事会場、お店などまちまちです。盛り上がっているとつい服薬を忘れそうになることも。互いに声を掛け合って気遣いましょう。食事が終わったときに薬を飲むための水を運んでもらえるよう、食事の始まりにお願いしておくのも一つの方法です。

⑤一期一会の出会いは旅を豊かに

人との出会いは、旅の醍醐味です。訪れた土地、泊まった宿、見学した観光名所などでその土地の人に話しかけてみましょう。ガイドブックに載っていないその土地ならではの情報を教えてくれたり、思ってもみなかった体験ができたりするかもしれません。普段の生活とは違う初めての出会いを楽しんでください。思い出がもう一回り大きく膨らむ旅となるでしょう。

旅の安心チェックリスト

※当てはまるところに印をつけて問い合わせの際にご活用ください。

1）こちらの（身体）状況を伝えよう

つえ・歩行器・車いすの使用について
- □ つえ　　　　　□ 歩行器　　　　　□ 車いす
- □ いつでもどこでも使用している　□ 部屋の中だけ使用している　□ 使わない

歩き・階段やエスカレーターの利用について
- □ 自力で歩ける　　　　　　　□ ゆっくりなら歩ける
- □ 短い距離は歩ける　　　　　□ ひとりで歩くのは難しい
- □ 階段は苦手または利用しない　□ エスカレーターは苦手または利用しない
- □ その他（　　　　　　　　　　　　　　）

トイレの利用について
- □ 洋式・和式どちらも利用できる　□ 洋式のみ利用できる
- □ 広いスペースの洋式トイレが良い（車いすで利用可）
- □ オストメイト利用　　　　　□ トイレが近い
- □ その他（　　　　　　　　　　　　　　）

食事・寝具について

①食事の場所
- □ 食事会場でOK　　　　　　□ 部屋食または個室を希望
- □ いす／テーブル席を希望　　□ 和室（畳）でもOK
- □ 掘りごたつ式の席ならばOK
- □ 車いすに乗ったまま食事したい　□ 車いすからいすに座り替えて食事したい
- □ その他（　　　　　　　　　　　　　　）

②料理
- □ アレルギーがある（　　　　　　　　　　　　　　　　　　　）
- □ 苦手な食べものがある（　　　　　　　　　　　　　　　　　）
- □ 嚥下（えんげ）に不安がある　（一口大　刻み　その他〈　　　　　　　　　〉を希望）

③寝具
- □ ベッドが必要　　　　　　　□ 畳に布団でも大丈夫

2）知りたいことを聞いておこう

- □ 車いす専用または優先の駐車場（　有　・　無　）
- □ 車いす／つえの貸し出し（車いす　有　・　無　／つえ　有　・　無　）
- □ 施設内（館内）基本経路に段差があるか　（　有　・　無　）
  　　入り口〜客室　・　客室〜大浴場　・　客室〜食事会場　・　その他（　　　　　　）
  　　高さ　　　㌢　／　段数　　　　段
- □ 施設内（館内）の車いすでの移動（　利用可　・　困難　）
- □ 施設内（館内）の車いす対応トイレ（　有　・　無　・　近くにある〈どこに　　　　　〉）
- □ バリアフリールーム（ユニバーサルルーム）（　有　・　無　）
- □ 客室内で車いすを使えるか（　可　・　不可　）
- □ 客室内の段差（有〈どこに　　　　　　　　　　　　〉・　無　）
- □ 客室内のトイレに手すりはあるか（　右　・　左　・　両側　・　無　）
- □ 客室内のトイレは車いすで利用できるか（　可　・　困難　）
- □ 客室内の風呂は車いすで利用できるか（　可　・　困難　）
- □ 大浴場の設備
  　　浴槽に手すり（　有　・　無　）　背もたれ付きシャワーチェア（　有　・　無　）
  　　入浴用車いす（　有　・　無　）
- □ 大浴場または貸し切り風呂を車いすで利用できるか（　可　・　困難　）
- □ 観光施設（　　　　　　　　　　　　　　）の車いすでの見学（　可　・　困難　）
- □ その他　（　　　　　　　　　　　　　　　　）

札幌中心街エリア

札幌の都心はここを歩こう 日帰りモデルコース

札幌滞在の際は中心街をゆったり 2、3 時間かけて回るのがおすすめ。

※写真のマークはそれぞれ 🏨 が宿泊施設、📷 が遊ぶ・見る・体験する施設、
🍴 が食べる・買う施設を表しています。

	JR 札幌駅（地下鉄さっぽろ駅）
直結	↓
	JR タワー展望室タワー・スリーエイト①
徒歩 13 分	↓
	北 3 条通り（赤れんが庁舎）②
9 分	↓
	札幌市時計台③
4 分	↓
	大通（さっぽろテレビ塔・大通公園）④
5 分	↓
	札幌狸小路商店街（1 丁目）⑤
3 分	↓
	二条市場⑥
11 分	↓
	nORBESA 観覧車 ノリア⑦
2 分	↓
	すすきの⑧、地下鉄すすきの駅
地下鉄 3 分	↓
	地下鉄さっぽろ駅

中心街エリア

スタート
札幌駅
JR タワー

ST さっぽろ駅

地下鉄南北線

赤れんが庁舎 ②

③

時計台
③

④

さっぽろテレビ塔

⑤

④

二条市場
⑥

札幌市営地下鉄 路線図

東西線
宮の沢
発寒南
琴似
二十四軒
西28丁目
西18丁目
円山公園
西11丁目

南北線
麻生
北34条
北24条
北18条
北12条
北13条東
さっぽろ
大通
すすきの
中島公園
幌平橋
中の島
平岸
南平岸
澄川
自衛隊前
真駒内

東豊線
栄町
新道東
元町
環状通東
東区役所前
JR札幌駅乗り換え
バスセンター前
菊水
豊水
すすきの
学園前
豊平公園
美園
月寒中央
福住

東札幌
白石
南郷7丁目
南郷13丁目
南郷18丁目
大谷地
ひばりが丘
新さっぽろ
JR新札幌駅乗り換え

狸小路
⑤

⑦

nORBESA
観覧車 ノリア
⑦

⑧

⑧
ST
すすきの駅

札幌東西エリア

気軽に楽しむ札幌東西エリア 日帰りモデルコース
地下鉄東西線で行けるお手軽観光コース！

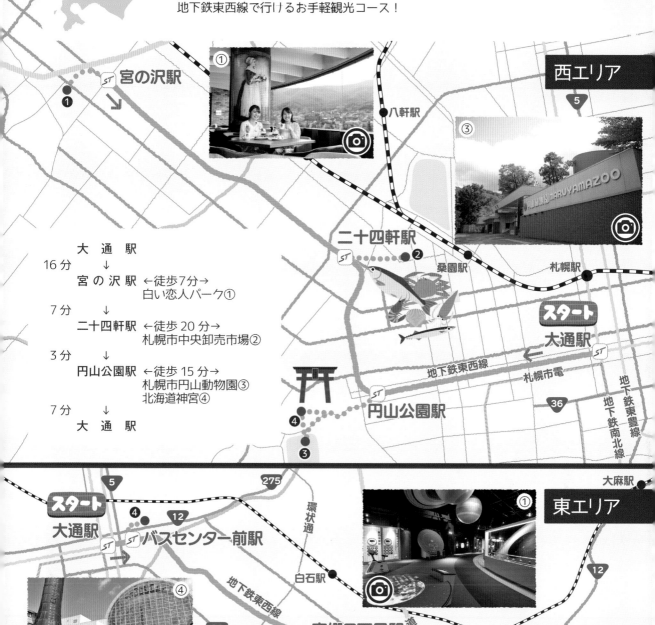

西エリア

宮の沢駅

八軒駅

二十四軒駅

桑園駅

札幌駅

スタート
大通駅

円山公園駅

地下鉄東西線

札幌市電

地下鉄東豊線

地下鉄南北線

大通駅
16分　↓
宮の沢駅　←徒歩7分→　白い恋人パーク①
7分　↓
二十四軒駅　←徒歩20分→　札幌市中央卸売市場②
3分　↓
円山公園駅　←徒歩15分→　札幌市円山動物園③　北海道神宮④
7分　↓
大通駅

スタート
大通駅　バスセンター前駅

東エリア

大麻駅

環状通

白石駅

地下鉄東西線

南郷7丁目駅

道央自動車道

新さっぽろ駅

地下鉄東豊線

大通駅
19分　↓
新さっぽろ駅　←直結→　札幌市青少年科学館①・サンピアザ水族館②
9分　↓
南郷7丁目駅　←徒歩7分→　アサヒビール北海道工場③
8分　↓
バスセンター前駅　←徒歩3分→　サッポロファクトリー④
2分　↓
大通駅

札幌南北エリアの魅力を発見 日帰りモデルコース
地下鉄南北線で行ける身近な観光コース！

北エリア（北海道大学）

大通駅
地下鉄1分 ↓
さっぽろ駅
徒歩10分 ↓

北海道大学正門
1分 ↓
インフォメーションセンター
エルムの森①
7分 ↓ 古河記念講堂②
クラーク胸像③
北海道大学総合博物館④

2分 ↓ ポプラ並木⑤
人工雪誕生の地記念碑⑥
中央食堂⑦（一般利用可）や**セイコーマート⑧**（2階テラス席でジンギスカンが食べられる ※要予約）で食事
大野池⑨
11分 ↓ イチョウ並木⑩
北13条門から出る
北12条駅
地下鉄4分 ↓
大通駅

北13条門

北12条駅
大通駅へ

北海道大学正門

地下鉄南北線

さっぽろ
大通駅から

南エリア（中島公園）

大通駅から　大通駅へ
中島公園駅

大通駅
地下鉄3分 ↓
中島公園駅
徒歩5分 ↓ 札幌市こども人形劇場こぐま座①
菖蒲池・四翁表功之碑②、八窓庵③
豊平館④
4分 ↓
札幌コンサートホールKitara⑤
8分 ↓ レナード・バーンスタイン像⑥
北海道立文学館⑦
6分 ↓ 菖蒲池（ボートハウス）⑧
中島公園駅
地下鉄3分 ↓
大通駅

菖蒲池
創成川
地下鉄南北線

14

泊まる

センチュリーロイヤルホテル

住　所
中央区北5西5の2
☎ 011-221-2121・Fax 011-351-5485

アクセス
ＪＲ札幌駅から徒歩3分

※朝食会場へは車いす使用者向けに専用通路あり／ＪＲ札幌駅地下直結（途中階段あり）／筆談対応あり

特別フロアの客室

特別フロアの客室からは札幌の街並みを一望できる。朝食ビュッフェのおいしさは全国でも有名。道内唯一の回転レストランがある（階段あり）。

人気の朝食ビュッフェ

泊まる

札幌ビューホテル大通公園

住　所
中央区大通西8
☎ 011-261-0111・Fax 011-261-5650

料　金
ユニバーサルルーム1人1泊朝食付き8,500円〜（1室2人利用の場合）

アクセス
地下鉄大通駅1番出口から徒歩5分

※シャワーチェアの貸し出しあり

広く両側に手すりがあるユニバーサルルームのトイレ

大通公園に面し、徒歩圏内に時計台など多数の観光名所がある好アクセスのホテル。朝食は富士の溶岩石を使った「武蔵窯」でグリルしたお肉や野菜がおすすめ。

浴槽の横に腰掛けて移乗できるユニバーサルルームのバス

泊まる

札幌パークホテル

住　所
中央区南10西3の1
☎ 011-511-3131・Fax 011-531-8522

※客室トイレ・バスの入り口に段差あり／観光介助士（中級）が2人おり、部屋への移動やレストランで補助が受けられる

4階の四川料理「桃源郷」も有名。正宗杏仁豆腐は絶品。

泊まる

ＪＲタワーホテル日航札幌

住　所
中央区北5西2の5
☎ 011-251-2222・Fax 011-251-6370

※大浴場（18歳以上）に段差あり／食事対応可（アレルギー・量の調整・低アレルゲンメニュー＝予約制＝）／札幌駅直結

部屋でゆっくりしたい時にうれしいフードデリバリーサービス（18時半〜21時半ラストオーダー）あり。

京王プラザホテル札幌

住 所
中央区北5西7の2の1
☎ 011-271-0111・Fax 011-221-5450

料 金
アクセシブルルーム54,450円（正規料金）

アクセス
JR札幌駅から徒歩5分

※シャワーチェア、バスボード、ドアベル、フラッシュ受信機などの貸し出しあり／電動リクライニングベッドあり／車の乗降サポートあり

洗面台のつくりなど車いすでの移動に配慮したバスルーム

札幌市福祉のまちづくり条例適合第1号のホテル。「バリアフリー＆機能美あふれる空間」をコンセプトに利用しやすさを追求したアクセシブルルームがある。

車いすで利用しやすい室内の転回スペースあり

ホテルエミシア札幌

<HK>

※入り口に段差あり／アレルギーの場合コースメニュー変更にも対応／新さっぽろ駅直結

住 所
厚別区厚別中央2の5の5の25
☎ 011-895-8800・Fax 011-895-8820

料 金
アクセシブルルーム74,000円（正規料金）＝写真＝

新札幌のランドマークタワーホテル。展望レストランやスパもある。

札幌市保養センター駒岡

<HK>

住 所
南区真駒内600の20
☎ 011-583-8553・Fax 011-583-8574

※大浴場・一部客室に段差あり／シャワーキャリー貸し出しあり／食事対応可（アレルギー・きざみ食・量の調整・ミキサー食など）／一部客室風呂・貸し切り風呂あり

介護専門資格者による入浴介助のサービス（有料・要予約）あり。

定山渓万世閣ホテルミリオーネ

<HK>

住 所
南区定山渓温泉東3
☎ 0570-08-3500・Fax 011-595-2131

料 金
1泊2食付き9,000円（税別）〜、4人1室

沸き立つ香りとはじける音でつくりだす約80種の和洋中ビュッフェが自慢。

定山渓第一寶亭留 翠山亭

<牧野>

住 所
南区定山渓温泉西3の105
☎ 011-598-2141・Fax 011-598-2143

料 金
1泊2食1人16,500円（1室2人税別、入浴税別）〜、温泉付き客室25,000円〜

※多少段差や勾配はあるがサポートが受けられる

ほとんどの客室が温泉風呂付き。料理もおいしい安らぎの宿。

泊まる

ぬくもりの宿 ふる川

P ♿P ♿WC ♿客室 ♨ 貸切 バイキング 個別 BF対応食

※館内通路に段差あり／食事対応可（アレルギー、きざみ食、量の調整）

住　所 南区定山渓温泉西 4 の353

☎ 011-598-2345・Fax 011-598-2221

料　金 1 人 1 泊 2 食付き17,700円～

アクセス ＪＲ札幌駅から車で50分

入り口からベッドまでフローリング続きの和洋室

札幌の奥座敷定山渓温泉にある田舎家風の宿。温泉付き客室や貸し切り風呂などを完備。ぬくもりスパはラウンジから脱衣所、浴槽まで広々としたバリアフリー構造。

専用着着用で家族一緒に入れるぬくもりスパ

泊まる

定山渓 鶴雅リゾートスパ 森の謌（うた）

P ♿WC ♿客室 ♨ バイキング

※入り口・通路・大浴場・客室に段差あり

住　所 南区定山渓温泉東 3 の192

☎ 011-598-2671・Fax 011-598-2712

アクセス ＪＲ札幌駅から車で40分、路線バスで60分超

両側に手すりがある広い客室トイレ

豊かな森に囲まれた遊び心あふれるリゾートスパ。バリアフリールームが 2 室あり、別棟の露天風呂付きコテージは広々としたテラスに森の香りが心地よい。

段差がなく、間口の広い客室

遊ぶ・見る・体験する

さっぽろテレビ塔

♿WC ♿客室

住　所 中央区大通西 1

営業時間 9 ～22時、不定休

☎ 011-241-1131・Fax 011-271-3680

料　金 高校生以上800円、小中学生400円、未就学児無料（福祉割引あり）

アクセス 地下鉄大通駅30番出口手前の 6 番エレベーターから地上に出てすぐ

「テレビ父さん」でおなじみの札幌のシンボル。市内を一望できる地上 90㍍の展望台へは 3 階からエレベーターで約 60 秒で到達する。

北海道ゆかりのフィギュアなどお土産もたくさんある

天候を気にせず楽しく
ショッピングできる街
「さっぽろ」

食べる・買う

札幌ステラプレイス

🅿 🅿 🎳 ♿ 🚺 🔊 🚾 <HK>

※音声標識ガイドシステム（シグナルエイド）あり／ユ
ニバーサルシート設置トイレあり

住　所
中央区北5西2

営業時間
ショッピング10～21時、ダイニング11～23時

☎ 011-209-5100

アクセス
JR札幌駅直結

●アピア

🅿 🅿 🎳 ♿ 🚺 🔊 🚾 👶 <HK>

住　所：中央区北5西3～4
営業時間：ショッピング10～21時
　　　　　　レストラン11～21時半

☎ 011-209-3500

●エスタ

🅿 🅿 🎳 ♿ 🚺 🔊 🚾 👶 <HK>

住　所：中央区北5西2
営業時間：ショッピング10～21時
　　　　　　レストラン11～22時
　　　　　　大食品街10～21時

☎ 011-213-2111

●パセオ

🅿 🅿 🎳 ♿ 🚺 🔊 🚾 👶 <HK>

※ユニバーサルシート設置トイレあり

住　所：北区北6西2
営業時間：ショッピング10～21時
　　　　　　ダイニング11～22時

☎ 011-213-5645

●札幌駅前通地下歩行空間（チ・カ・ホ）

🎳 🔊音声 🚾 <HK>

※エレベーター設置出口あり

住　所：中央区北3条～大通間の地下歩道
営業時間：通行可能は5時45分～24時半

☎ 011-211-6406・Fax 011-211-6408

●さっぽろ地下街 オーロラタウン・ポールタウン

🅿 🅿 🎳 ♿ 🚺 🚾 👶 <HK>

住　所：オーロラタウンは中央区大通西1～西3
　　　　　　ポールタウンは中央区南1西3～南4西4
営業時間：10～20時

☎ 011-221-3639（オーロラタウン）
☎ 011-221-6657（ポールタウン）

札幌ステラプレイス

●おすすめポイント

アピア

札幌には駅直結で天候に左右されず楽しめる施設がたくさんある。ステラプレイス・アピア・エスタ・パセオはJR札幌駅直結。JR・地下鉄・バスへのアクセスが良く、ファッション・雑貨・コスメ・カフェ・レストランなどはもちろんコンビニや食品・電化製品など多くの店舗が入る。道内最大級のシネ

エスタ

コンもある。フロントスタッフは車いす・視覚障がい・高齢者への基本対応を習得している。
　札幌駅前通地下歩行空間（チ・カ・ホ）は地下鉄南北線さっぽろ駅～大通駅を結ぶ約520㍍の歩行者専用通路。さまざまなイベントが開かれる魅力的な空間だ。
　さっぽろ地下街は大通沿いに東西に走るオーロラタウンと駅前通沿いに南北に走るポールタウンの二つのストリートで構成され、おしゃれなブティックやレス

パセオ

トランなどが並ぶ。「小鳥の広場」や「大型ビジョンHILOSHI」などは待ち合わせスポットとして市民に定着している。

札幌駅前通地下歩行空間（チ・カ・ホ）

さっぽろ地下街

遊ぶ・見る・体験する

JRタワー展望室 タワー・スリーエイト

🅿️♿🅿️♿🚻♿🏢

住　所
中央区北5西2の5 JRタワー38階

営業時間
10〜23時

☎ 011-209-5500・Fax 011-209-5074

料　金
大人740円、中高生520円、小学生・幼児320円、シニア640円（福祉割引あり）

アクセス
JR札幌駅・地下鉄さっぽろ駅直結

札幌の街並みを眺めてくつろげるカフェ

JRタワー最上階にある展望台。札幌の街並みを360度見渡せ、カフェで軽食・スイーツ・お酒も楽しめる。開放感あふれる眺望のトイレもユニークだ。

人々を魅了する札幌の夜景

遊ぶ・見る・体験する

大通公園

🅿️♿🅿️♿🚻♿🏢 <HK>

※イベントによっては仮設のバリアフリー対応トイレあり

住　所
中央区大通西1〜12

ライラックをはじめ92種、約4,700本の木々に囲まれたオフィス街のオアシス。季節ごとのイベントも人気だ。

遊ぶ・見る・体験する

北3条通り （赤れんが庁舎・アカプラ）

🅿️ <HK>

※隣接の赤れんがテラスはバリアフリー対応施設。駐車場あり

住　所
中央区北3西4〜6

営業時間
赤れんが庁舎は改修のため当面の間休館中。アカプラはイベントなどにより異なる

料　金
駐車料60分400円（赤れんがテラス）

中心街の観光スポット。赤れんが庁舎をバックに記念撮影も。

遊ぶ・見る・体験する

札幌市時計台

🚻♿🏢♿ <HK>

※入り口にスロープあり／事前連絡で駐車可／昇降リフトあり

住　所
中央区北1西2

営業時間
8時45分〜17時10分

☎ 011-231-0838・Fax 011-231-0804

料　金
大人200円、高校生以下無料（福祉割引あり）

札幌農学校演武場として建設。1881年（明治14年）に時計台設置。

遊ぶ・見る・体験する

札幌市民 交流プラザ

🅿️♿🏢案内音声🚻♿🏢 <HK>

※優先駐車場は要予約（有料）

住　所
中央区北1西1

営業時間
9〜22時、各月1日程度休

☎ 011-271-1000
Fax 011-242-5656

劇場、文化芸術交流施設、図書館の複合施設。バリアフリーに配慮しており、公演によっては車いすのまま観覧できる。

遊ぶ・見る・体験する

北海道大学 総合博物館

🚻♿🚻 <HK>
※館内に段差あり

住所
北区北10西8

営業時間
10〜17時（6〜10月の金曜は21時まで）、月曜休

☎ 011-706-2658・Fax 011-706-4029

料金
無料

大学の歴史や教育・研究について、貴重な資料とともに紹介。展示の中には実際に手にとって観察できるものもある。

遊ぶ・見る・体験する

北海道大学インフォメーションセンター エルムの森

🚻👶♿🚻 <HK>

住所
北区北8西5

営業時間
ホームページで確認を

学内イベントの情報発信や構内散策の案内をしている。

食べる・買う

サッポロ ファクトリー

🅿🅿♿🚻👶🚻
🚻 <牧野>
※永山記念公園が隣接

住所
中央区北2東4

☎ 011-207-5000

料金
入館無料。アミューズメント施設は有料のところも（映画館は福祉割引あり）

レンガ建築や巨大アトリウムなど7棟に約160のショップ、レストランなどが集まっている。

食べる・買う

札幌狸小路商店街

🅿 <HK> ※近隣に有料駐車場あり

住所
中央区南2〜3西1〜7

営業時間
店舗により異なる

北海道最古の商店街。飲食や服飾、雑貨、ホテルなど約200店舗が並ぶ。近年は外国人客でにぎわう観光スポット。

遊ぶ・見る・体験する

すすきの

<HK>
※地下鉄南北線すすきの駅・東豊線豊水すすきの駅が直結（エレベーターあり）／周辺に複数の有料駐車場あり

住所
中央区南3〜7西2〜6

営業時間
飲食店などは夜営業中心。エンターテインメント施設は日中も営業

日本三大歓楽街の一つ。近年はバリアフリー対応の店舗も増え、若者からお年寄りまで楽しめるエリアとなっている。

遊ぶ・見る・体験する

モエレ沼公園

🅿🅿🚻♿🚻
🚻 <HK>
※ガラスのピラミッドは屋上までエレベーターで移動できる

住所
東区モエレ沼公園1の1

営業時間
7〜22時、無休（各施設は定休日あり）

☎ 011-790-1231・Fax 011-792-2595

料金
無料

写真提供：モエレ沼公園

世界的な彫刻家イサム・ノグチがデザインしたアートパーク。

nORBESA観覧車 ノリア
（ノルベサ）

♿WC
※乗降時のサポートあり／ゴンドラは車いす1台、ほか2人まで乗車可

住　所
中央区南3西5の1の1

営業時間
日～木・祝の11～23時（金・土・祝前日は翌3時まで）

☎ 011-261-8875

料　金
1人600円（福祉割引あり）

アクセス
地下鉄南北線すすきの駅から徒歩2分

地上78㍍に達する札幌初の屋上観覧車。美しい街並みを見渡せる。したたる雨や舞い落ちる雪を眺めるのもおすすめだ。

黄色いゴンドラは乗れたら願いがかなうと人気

豊平館

P ♿ 車 <HK>
※車いす専用入り口あり／ボランティアガイドあり

住　所
中央区中島公園1の20

営業時間
9～17時、第2火曜休

☎ 011-211-1951・Fax 011-211-1952

料　金
個人300円、中学生以下無料（福祉割引あり）

開拓使が1880年（明治13年）に建築。現存の木造ホテルで国内最古。国の重要文化財。

北海道立文学館

P 案内 音声 WC ♿ <HK>

住　所
中央区中島公園1の4

営業時間
9時半～17時、月曜休

☎ 011-511-7655・Fax 011-511-3266

料　金
常設展観覧料一般500円、高校・大学生250円、中学生以下無料（福祉割引あり）

北の大地を舞台に展開された文学の多様な営みを学べる。

札幌ドーム

P ♿P 音声 WC ♿ <HK>
※イベントによっては車いす専用席あり

住　所
豊平区羊ケ丘1

営業時間
施設やイベントごとに異なる（ホームページで確認を）

☎ 011-850-1000・Fax 011-850-1011

展望台の入場見学やドームツアーも行っている。

百合が原公園

P ♿P WC ♿ <HK>
※団体利用は事前申請を

住　所
北区百合が原公園210

営業時間
施設により異なる（定休日も）。公園は無休

☎ 011-772-4722・Fax 011-772-4741

料　金
公園は無料。緑のセンター温室・世界の庭園は高校生以上130円、リリートレインは小学生以上360円（福祉割引あり）

園内周遊のリリートレインは車いすのまま乗車できる。

札幌 もいわ山 ロープウェイ

P WC 🦽

※乗降時にサポートあり

住　所
中央区伏見5の3の7

営業時間
10時半～22時（12～3月は11時から）、運休はホームページを確認

☎ 011-561-8177・Fax 011-561-8178

料　金
往復で大人1,800円、小学生以下900円（福祉割引あり）

アクセス
市電ロープウェイ入口から徒歩10分。無料シャトルバスで5分

5分間で1,200ｍ上る爽快な空中散歩

日本新三大夜景に選ばれた札幌の夜景を楽しめる代表的なスポット。車いすで乗れるロープウエーとミニケーブルカーの「もーりすカー」を乗り継いで山頂展望台へ。

素晴らしい夜景を眺められる山頂展望台

大倉山 展望台リフト

P LP 案内 WC 🦽 <HK>

住　所
中央区宮の森1274

営業時間
8時半～21時（11～4月は9～17時）

☎ 011-641-8585・Fax 011-641-8586

料　金
往復で中学生以上1,000円、小学生以下500円（福祉割引あり）

スキージャンプ競技場に併設された展望台からは大通公園をはじめとした札幌の街並みと、四季折々の自然を見渡せる。

札幌 オリンピック ミュージアム

P LP 案内 🦽 WC <HK>

※館内に段差あり

住　所
中央区宮の森1274

営業時間
9～18時（11～4月は9時半～17時）

☎ 011-641-8585・Fax 011-641-8586

料　金
高校生以上600円、中学生以下無料（福祉割引あり）

札幌冬季五輪の歴史を今に伝える施設。ジャンプなど冬季競技を体験できるシミュレーターもある。

白い恋人 パーク

P LP WC 🦽 <HK>

※入り口に段差あり

住　所
西区宮の沢2の2の11の36

営業時間
9～18時、無休（冬季変更あり）

☎ 011-666-1481

料　金
ファクトリーコースは高校生以上600円、中学生以下300円、3歳以下無料（福祉割引あり）

地元銘菓「白い恋人」の製造工程が見学でき、菓子やチョコレート作りの体験もできる施設。

札幌市 円山動物園

P LP WC 🦽 <牧野>

住　所
中央区宮ヶ丘3の1

営業時間
9時半～16時半（11～2月は16時まで）、第2・4水曜休（4、8、11、12月はホームページ参照）

☎ 011-621-1426・Fax 011-621-1428

料　金
大人800円、高校生400円、中学生以下無料（福祉割引あり）

4頭のアジアゾウの水浴びは迫力満点。

北海道立近代美術館

<HK>

※車いす・ベビーカー貸し出しは要事前予約/事前予約で優先駐車場利用可

住所
中央区北1西17

営業時間
9時半～17時、月曜休（7～9月は夜間開館日あり。展示替え期間休）

☎ 011-644-6881・Fax 011-644-6885

料金
一般510円、高校・大学生250円（福祉割引あり）

サンピアザ水族館

<HK>

※フロア移動はエレベーター利用可

住所
厚別区厚別中央2の5の7の5

営業時間
10～18時半（10～3月は18時まで）

☎ 011-890-2455・Fax 011-892-5565

料金
大人1,000円、子ども400円（福祉割引あり）

札幌市青少年科学館

<HK>

※通路段差あり/土日祝特別展期間は駐車場開放/プラネタリウムに車いす席・Tモード補聴器対応席あり

住所
厚別区厚別中央1の5の2の20

営業時間
9～17時、月曜休、毎月最終火曜日
（10～4月は9時半～16時半）

☎ 011-892-5001
Fax 011-894-5445

料金
展示室700円、プラネタリウム500円、中学生以下無料（福祉割引あり）

字幕付きプラネタリウムを年に数回開催。

野外博物館 北海道開拓の村

<HK>

※基本経路に段差あり/点字パンフレットあり/音声案内専用アプリ「ユニボイス」あり

住所
厚別区厚別町小野幌50の1

営業時間
9～17時、無休（10～4月は16時半まで、月曜休）

☎ 011-898-2692・Fax 011-898-2694

料金
一般800円、高校・大学生600円（福祉割引あり）、中学生以下と65歳以上は無料

夏は馬車鉄道、冬は馬そりが楽しめる。

札幌芸術の森

<HK>

※基本経路に段差あり/車いす用のモデルコースマップあり

住所
南区芸術の森2の75

営業時間
9時45分～17時半（9～5月は17時まで）、4/29～11/3無休、11/4～月曜休

☎ 011-592-5111・Fax 011-592-4120

料金
駐車場：普通車500円、野外美術館：大人700円ほか。屋内美術館＝写真＝の観覧料は企画展によって異なる

豊平峡ダム ハイブリッド電気バス

<HK>

※バス乗り場に車いす使用者利用可能トイレあり/基本経路に段差あり

住所
南区定山渓840

営業時間
営業期間は5月上旬～11月上旬（ホームページで確認を）

☎ 011-598-3452

料金
ホームページで確認を（福祉割引あり）

リフト付きタイプのバスもあり、車いすのまま乗車できる。

遊ぶ・見る・体験する

アサヒビール 北海道工場

🅿️ ♿ 🚻 🚾 🔲

※見学は要事前予約／エスカレーターで車いすの昇降可

住　所
白石区南郷通4南1の1

営業時間
電話受け付け：9〜17時（休業日除く）、見学受け付け：9時半〜15時
※土日祝は製造ライン非稼働

☎ 011-863-3515・Fax 011-866-4288

料　金
無料

アクセス
地下鉄東西線白石駅または南郷7丁目駅から徒歩7分

広いゲストホールで試飲を楽しむ

係の案内でビールの製造工程を見学できる。見学後はできたてのスーパードライやソフトドリンクの試飲も可。

仕込みに使っていた実物の釜も展示

食べる・買う

サッポロビール園

🅿️ 🅿️ ♿ ♿

※リフトでの昇降が必要なフロアもあるが、車いすでも問題なし

住　所
東区北7東9の2の10
サッポロガーデンパーク内

営業時間
11時半〜22時

☎ 0120-150-550（レストラン予約センター）
Fax 011-722-7326

料　金
キングバイキング食べ飲み放題（120分）4,510円など

アクセス
地下鉄東豊線東区役所前駅から徒歩10分／ＪＲ苗穂駅北口から徒歩7分

北海道工場直送生ビールや札幌開拓使麦酒醸造所オリジナルビール、フレッシュラムジンギスカンなど北海道の味覚が楽しめる。

同園のシンボルのケッセルホール

食べる・買う

札幌市中央卸売市場 場外市場

🅿️ ♿ 🚾 <HK>

※商店街内の歩道に段差あり

住　所
中央区北11西21〜23

営業時間
物販6〜15時（大型店は17時まで）、食堂7〜15時（一部店舗は21時まで）、無休（店舗により異なる）

☎ 011-621-7044・Fax 011-621-7180

食べる・買う

ニューオータニイン札幌 1階ランデブーラウンジ

🅿️ 🚻 案内 ♿ 🚾 🍴 バイキング <牧野>

※入り口にスロープがあり車いすで入れる／ビュッフェは観光介助士のサポートと点字メニューあり

住　所
中央区北2西1の1

営業時間
レストラン7〜21時

☎ 011-222-1522（レストラン直通）
Fax 011-222-5521

料　金
ランチビュッフェ大人2,100円、シニア1,700円（税別）

ペンギンベーカリーカフェ 美園店

※スタッフが客の代わりにパンを取るサポートあり

住　所	料　金
豊平区美園１の２の３の７	ピザのパン240円など

営業時間	アクセス
8時半〜19時（変更もあり）	地下鉄東西線東札幌駅から徒歩13分、車で3分

☎ 011-817-3335

どのパンもおいしいが、「ピザのパン」がたっぷりの具とチーズ、もちもちふっくらの食感で人気。ワインにも合う。無添加食パン、低糖質パンもある。

入り口前には点字ブロックやスロープを設置

広々とした店内

ピッツェリア ダルセーニョ・ドゥエ

※入り口に段差あり/車いすは要予約

住　所	料　金
中央区南２西１の17 ダイイチヤライズビル１階	1人あたり昼1,500円、夜4,000〜5,000円

営業時間	アクセス
11時半〜14時（土日祝は14時半まで）・17時半〜21時半	地下鉄大通駅の34番出口から徒歩1分、37番出口（エレベーター）から徒歩2分

☎ 011-213-1335（Fax同じ）

世界大会3位の職人が作るピザが絶品。接遇も優しいお店。

ハーフ&ハーフなら二つの味を楽しめる

コースはお肉を含む料理が次々と出て満足

プロヴィンシャルノート

住　所	料　金
西区八軒１西１の１の22	プロヴィンシャルハンバーグ1,280円など

営業時間	アクセス
11〜20時（金土は21時まで）、月曜休	ＪＲ琴似駅から徒歩2分

☎ 011-615-5575・Fax 011-624-6439

ヨーロッパの田舎町のような雰囲気の中でボリュームのある洋食と蔵出しプレミアムビールなどが楽しめる。雑貨やチョコレート、ハーブティーなどの販売もあり。

ボリュームたっぷりのプロヴィンシャルハンバーグ

香香厨房 パセオ店

（シャンシャン）

※車いすで利用できる個室あり

住 所
北区北6西2パセオイースト1階

営業時間
11〜15時・17〜23時半（金・祝前日は24時、日祝は22時半まで）、無休

☎ 011-213-5571（Fax 同じ）

料 金
1人平均ランチ880円、
ディナー3,000円

アクセス
JR札幌駅直結

入り口は自動ドアで段差もない

優しい接遇で本格的な中華料理を楽しめるお店。価格もリーズナブル。からあげグランプリ金賞を受賞した塩から揚げなど人気メニューも多数。

車いす利用可能の個室なら会話も盛り上がる

銀座ライオン 大通地下街店

<WC BF対応点> <牧野>

※オーロラタウンに多目的トイレあり

住 所
中央区大通西2オーロラタウン

営業時間
月〜木11〜21時半（金曜は22時、土日祝は21時まで）

☎ 011-231-2771・Fax 011-231-1968

料 金
1人平均ランチ1,000円〜1,500円
ディナー1,500円〜2,500円

こだわりのビールとおいしい料理が自慢。地下街なので雪や雨でも安心だ。

梅の花 札幌店

<WC BF対応点> <牧野>

※車いすOKの個室あり／ビル内に多目的トイレあり

住 所
中央区南1西1の5札幌シャンテ4階

営業時間
11〜16時・17〜22時

☎ 011-207-7317・Fax 011-207-7316

料 金
1人平均ランチ3,000円
ディナー5,000円

和風の落ち着いた雰囲気で湯葉と豆腐料理が味わえるお店。ランチコースの生麩の田楽＝写真＝が美味！

一松 魚力

<WC> <牧野>

※車いす入店可／多目的トイレは直結の地下街にあり

住 所
中央区大通西4新大通ビル地下2階

営業時間
11時半〜15時・17〜23時、日祝休

☎ 011-272-0730（fax 同じ）

料 金
1人平均3,500円

素晴らしい接客とともに北海道の味を堪能できる。メニューも多く、満足度が高い。ランチも人気。

スナック椙

（すぎ）

<牧野>

※入り口に段差あり／車いすの幅・重さによっては入店不可なので要問い合わせ

住 所
中央区南5西5の20すすきの5・5ビル5階

営業時間
19〜24時、日祝休（連絡あれば営業）

☎ 011-511-1239

料 金
2時間飲み歌い放題1人3,000円

段差があってもマスターが笑顔で手伝ってくれる。ギターの生演奏も聴ける。

魚河岸 甚平

WC
※パセオ内の近くに多目的トイレあり

住　所
北区北6西4パセオ地下1階

営業時間
11～22時

☎ 011-213-5555（Fax同じ）

料　金
甚平セット3,000円（税別）など

アクセス
JR札幌駅直結

車いすOKの店内

ウニいくら丼もつく豪華な甚平セット

1972年から営業。こだわりの道産食材を使った新鮮な刺し身をはじめ一品料理やおつまみセット、定食が楽しめる。地酒も豊富に取りそろえており、接客も優しい。

魚吉別邸 惠宙（えそら）

WC BF対応食
※バリアフリー対応食は要予約／車いす可能の個室あり

住　所
中央区大通西1ル・トロワ8階

営業時間
11～15時・17時半～23時、無休

☎ 011-211-4449（Fax同じ）

料　金
1人平均ランチ1,000～1,500円、ディナー3,000～5,000円

アクセス
地下鉄大通駅24番出口隣のル・トロワのエレベーターで直結

大きな窓からの眺めが素晴らしい

盛り付けも美しい旬のお刺し身盛り合わせ

北海道をはじめ、日本全国の旬の海の幸がそろう店。大通公園を眺めながら、新鮮な刺し身盛りや季節の創作和食をお酒と一緒に堪能できる。お通しも小皿に数種類並んで出てくるのがうれしい。

福の樹

P BF対応食
※車いす入店可

住　所
中央区南4西10の1004の1
南四条ユニハウス1階

営業時間
11時半～15時・17～21時（土日祝11時半～21時）、月曜休

☎ 011-511-3055

料　金
海老じゃらし980円(チーズonライス追加は+120円)など

アクセス
地下鉄東西線西11丁目駅から徒歩7分／市電資生館小学校から徒歩2分

一番人気のトマトヌードル「海老じゃらし」とチーズonライス

薬膳マイスターが作る野菜ベースの進化形ラーメン。化学調味料は使っておらず、優しさの中にコクのある味はやみつきになる。残りのスープにチーズとライスを入れてリゾットにするのもおすすめ。

テーブル席まで車いすで移動できる

道央（洞爺・登別・千歳・石狩近郊エリア）

札幌からすぐ！千歳周辺で楽しむ 日帰りモデルコース

札幌からららくらく日帰り。新千歳空港のある北海道の入り口「千歳周辺」を観光する。

9:00 札幌出発
　　　↓52㌔（高速利用）
10:30 千歳周辺 サケのふるさと 千歳水族館①
　　　※道の駅 サーモンパーク千歳が隣接
　　　↓15㌔
13:00 苫小牧 ノーザンホースパーク②
　　　↓63㌔（高速利用）
18:00 札幌到着

スタート

札幌市
36
230
274
道央自動車道
道東自動車道
新千歳空港 ✈
36
支笏湖
樽前山
苫小牧駅
①
②

道央（洞爺・登別・千歳・石狩近郊エリア）

札幌から石狩〜増毛の海岸線を巡る 日帰りモデルコース

石狩〜増毛の自然、歴史、食を日帰りで楽しむ。

9:00 札幌出発
　　　↓45㌔
10:30 厚　　田 道の駅石狩
　　　　　　　あいろーど厚田①
　　　↓44㌔
11:30 雄冬経由 雄冬岬（白銀の滝）②
　　　※おすすめ撮影スポット
　　　↓25㌔
12:00 増　　毛 国稀酒造③
　　　※歩いて見られる範囲に歴史
　　　　的建造物が集まっている
　　　↓95㌔
16:30 石　　狩 佐藤水産
　　　　　　　サーモンファクトリー店④
　　　↓18㌔
18:00 札幌到着

旭川駅
12
231
③
②
①
④
小樽駅
12
スタート
札幌市

道央（洞爺・登別・千歳・石狩近郊エリア）

有珠の懐で過ごす休日 1泊2日モデルコース

洞爺湖や登別でゆっくり温泉を楽しむ。2020年オープンのウポポイ（民族共生象徴空間）での体験や食事も魅力的。

1日目

9:00 札幌出発
　　　↓47㌔
10:30 中山峠 峠の茶屋で休憩①
　　　↓58㌔
12:00 洞爺湖周辺 わかさいも本舗 洞爺湖本店・レストラン仙堂庵で昼食②

　　　洞爺湖（洞爺湖汽船）③、洞爺湖ビジターセンター・火山科学館④

17:00 洞爺湖 ザ レイクビュー TOYA 乃の風リゾートで宿泊⑤

小樽駅

スタート

札幌市

定山渓

中山峠

羊蹄山

支笏湖

樽前山

洞爺湖

洞爺駅　②③④⑤

倶多楽湖

室蘭駅

登別駅

新千歳空港

苫小牧駅

白老駅

2日目

9:00 ホテル出発
　　　↓70㌔
10:30 白老 ウポポイ（民族共生象徴空間）⑥、ウエムラ・ビヨンドで昼食⑦
　　　↓100㌔（高速利用）
18:00 札幌到着

グランドホテルニュー王子

P ⬆P ♿WC 🚿 🍴ハイツグ 🍴個別 BF対応食

※シャワーキャリー貸し出しあり／電動リクライニングベッドあり／筆談対応可

住 所
苫小牧市表町4の3の1

☎ 0144-31-3115・Fax 0144-31-3190

アクセス
ＪＲ苫小牧駅南口から徒歩5分

リクライニングベッドのあるバリアフリールーム

苫小牧のランドマーク。日本料理、洋食、中国料理と多彩なレストランがそろう。バリアフリールームは隣の部屋と連結できるコネクティングルーム。

レストランから苫小牧の夜景を眺められる

休暇村 支笏湖

P ♿ 🚿 🍴ハイツグ 🍴個別 BF対応食 <HK>

※大浴場・客室に段差あり／季節により懐石またはビュッフェ／食事対応可（アレルギー、量の調整）／客室風呂あり

住 所
千歳市支笏湖温泉

☎ 0123-25-2201・Fax 0123-25-2202

料 金
10,500円（税別）～（福祉割引あり）

館内の段差などはサポートを受けられる。

ANA クラウンプラザホテル千歳

P ⬆P 案内 ♿WC ♿ 🚿 <HK>

住 所
千歳市北栄2の2の1

☎ 0123-22-2311・Fax 0123-27-5500

新千歳空港から車で10分、札幌にも近く観光の拠点として便利。

第一滝本館

P ♿WC 🚿 🍴ハイツグ 🍴個別 BF対応食

※大浴場に段差あり／食事対応可（アレルギー）／シャワーキャリー・シャワーチェア貸し出しあり／日帰り入浴（9～18時）あり

住 所
登別市登別温泉町55

☎ 0120-940-489・Fax 0143-84-2202

料 金
バリアフリールーム1人11,500円（税別）～

アクセス
ＪＲ登別駅から車で15分

5種類の温泉が楽しめる男性浴場

登別温泉で160年以上にわたる歴史をもつ温泉旅館。バリアフリールームは最大8人で泊まれ、3世代での宿泊にも対応できる広さがある。

シャワーキャリー・チェアも用意されている

ザ レイクビュー TOYA
乃の風リゾート

🅿️ ♿ 🚻 客室 貸切 プ 個別 BF対応食

※個食、バリアフリー食は事前に要相談

住　所
洞爺湖町洞爺湖温泉29の1

☎0570-026571・Fax0142-75-2601

料　金
時期、部屋タイプにより異なるのでホテルに問い合わせを

アクセス
札幌から車で2時間半

広々とした1階ロビー

暮れゆく景色を眺めながら食事

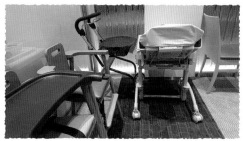
レストランには歩行器や子ども用の食事いすもある

行ってきました!!

　洞爺湖の絶景を楽しみながら、食と温泉を満喫できるリゾートホテル。エントランスホールは驚くほど広く、ゆったりと洞爺湖を一望できる。座る人の好みに合わせてくつろげるさまざまなソファやカウチが置かれ、ホテルのクオリティーの高さを感じられる。

　一般客室もスペースは広めにとられている。私はバリアフリールームではない部屋を選んだが、車いすでも問題なかった。大浴場の入浴は1人では無理なので、貸し切り風呂を予約して利用。広いスペースに、高めの介護用いす、ベビー用の入浴キャリーが用意され、お風呂上がりにのんびりできるソファも置かれていてホッとする。

　食事は床から天井まで続く大きな窓のレストランで、夕暮れから夜に移り変わる景色を眺めながら、道産食材を生かしたおいしい料理をビュッフェ形式でいただいた。7月から10月まで湖上打ち上げ花火も開催（2020年度）。

客室のお茶セットは車いすでも手の届く高さ

緑の風リゾートきたゆざわ

🅿️ ♿ 🍴 客室 ♨ プ 個別

※入り口に段差あり

住　所
伊達市大滝区北湯沢温泉町300の2

☎0570-026574・Fax 0142-68-5519

アクセス
JR札幌駅から無料送迎バスで2時間半

車いすの人も快適なフラットタイプの客室

　雄大な自然に囲まれた日本最大級の露天風呂を楽しめる。ユニバーサルルームにも源泉かけ流しの客室風呂があり、温泉を満喫できる。

トイレも浴室も広々設計

泊まる

レイクサイドヴィラ 翠明閣

住所
千歳市支笏湖温泉
☎ 0123 25 2131・Fax 0123-25-2133

料金
1泊2食25,000円（税別）～

※入り口、客室に段差あり

国立公園支笏湖のほとりに立つ全8室のくつろぎのホテル。

遊ぶ・見る・体験する

えこりん村

住所
恵庭市牧場277の4

営業時間
9時半～17時（10月は16時まで）、11～4月下旬は休業
☎ 0123-34-7800・Fax 0123-35-2322

料金
共通入園料は大人1,200円、中学生以下600円（福祉割引あり）

※乗り物は乗降時のサポートあり／車いす使用者対応コースあり

美しい花や動物たちと出合えるエコロジーテーマガーデン。

遊ぶ・見る・体験する

サケのふるさと 千歳水族館

住所
千歳市花園2の312
サーモンパーク内

営業時間
9～17時
☎ 0123-42-3001・Fax 0123-42-2310

料金
大人800円、高校生500円、小中学生300円、未就学児無料（福祉割引あり）

アクセス
ＪＲ千歳駅から徒歩10分／新千歳空港から車で10分

※地下水中観察ゾーンに昇降機あり

迫力ある大水槽

日本初の水中観察ゾーンがあり、千歳川の川底をガラス越しに直接観察できる。海へ旅立つサケの稚魚や、サケの群れが秋に遡上する姿は感動的だ。

魚に触れられるタッチプール

遊ぶ・見る・体験する

支笏湖 （ビジターセンター）

住所
千歳市支笏湖温泉

営業時間
4～11月は9時～17時半、無休。12～3月は9時半～16時半、火曜休
☎ 0123-25-2404・Fax 0123-25-2472

料金
4～11月は駐車料金が必要（普通車1日1回500円）

アクセス
ＪＲ千歳駅からバスで44分、終点「支笏湖」下車

※館内・湖畔園地とも車いす利用可

カヌーなどさまざまなアクティビティが楽しめる

日本最北の不凍湖。ビジターセンターでは湖の成り立ちや湖の中の世界などを模型や大型写真で紹介。周辺の飲食店ではヒメマス料理が食べられる。

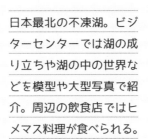

支笏湖の自然について学べるビジターセンター

ノーザンホースパーク

P 駐P WC 車WC 食 イヌ BF対応食

※食事対応は事前に要相談／観光馬車や馬そりは車いすから移乗して体験

住　所
苫小牧市美沢114の7

営業時間
9〜17時（11/6〜4/9は10〜16時）

☎0144-58-2116・Fax 0144-58-2377

料　金
中学生以上800円、小学生400円、小学生未満無料（11/6〜4/9は中学生以上500円、小学生200円）、福祉割引あり

アクセス
新千歳空港から車で15分。同空港から無料シャトルバスあり

旅の途中に気軽に立ち寄れる馬と自然のテーマパーク。ハッピー ポニーショーや、観光馬車など高齢者から子どもまで馬とふれあえる。

観光馬車でパーク内を巡る

ウポポイ
（民族共生象徴空間）

P 駐P 身 案内 音声 車WC 人 刺 食 BF対応食

※音声ガイド機器の貸し出しあり／食事対応可（アレルギー）

住　所
白老町若草町2の3

営業時間
9〜18時（夏季と土日祝は20時まで、11〜3月は17時まで）、月曜休

☎0144-82-3914・Fax0144-82-3685

料　金
大人1,200円、高校生600円、中学生以下無料（福祉割引あり）

アクセス
ＪＲ白老駅から徒歩10分

国立アイヌ民族博物館

おすすめポイント

アイヌ文化の振興、創造の拠点として2020年、白老町のポロト湖畔にオープンした国立施設。「ウポポイ」とはアイヌ語で「（大勢で）歌うこと」を意味する。

民族衣装を試着できる

　主要な施設として先住民族アイヌの歴史と文化を主題とした日本初の国立博物館「国立アイヌ民族博物館」、古式舞踊の公演や多様な体験プログラムを通じて、アイヌ文化を体感できるフィールドミュージアム「国立民族共生公園」、そしてアイヌの人々による尊厳ある慰霊を実現するためにポロト湖東側の高台に整備された「慰霊施設」がある。
　施設はバリアフリー。ムックリ（口琴）などの伝統楽器の演奏や、木彫や刺しゅう、アイヌ料理の調理や試食など、アイヌ文化を学べるさまざまな体験が用意されている。

アイヌ民族が伝承してきた歌や踊りの実演も行われる

アイヌ民族の伝統的住居「チセ」

洞爺湖 ビジターセンター・ 火山科学館

🅿️ ♿ 🚻 🚾 🧑‍🍼 ♿

住　所
洞爺湖町洞爺湖温泉142の5

営業時間
9～17時

☎ **0142-75-2555**・Fax**0142-75-2800**

料　金
大人600円、小人300円（福祉割引あり）

アクセス
洞爺湖温泉バスターミナルから徒歩2分／札幌から車で2時間

噴火でつぶれた軽トラックが生々しい

車いすスペースがあるシアタールーム

行ってきました‼

押しボタンクイズに挑戦

活発に噴火を繰り返す有珠山。遠く離れた札幌にも灰が飛び、あたりが真っ白になったことが忘れられない。この施設は火山観測や噴火予知の進歩を理解できるだけでなく、普段からの備えの大切さや、いざという時にどう行動すべきかを学べる。

シアタールームでは思わず身震いするほど迫力のある音と映像で噴火を体感できる。車いすなど配慮の必要な人への優先案内もある。噴火に関する問題が次々と出題される対戦形式の押しボタンクイズは、大人の私も夢中になって楽しめた。

展示を通して、日ごろの地域との関わりが防災や避難時に力を発揮することや、人と支えあい、助け合うことで守れる命があることも理解できた。自然の猛威にどう対処すべきか、大人はもちろん子どもたちにも見て、考えてもらいたい。スタッフのみなさんが親切に対応してくれる。

洞爺湖（洞爺湖汽船）

🅿️ 🔊音声 🚾
※船内に段差あり／遊覧船乗降時にサポートあり

住　所
洞爺湖町洞爺湖温泉29

営業時間
4月下旬～10月は8時半～16時半（30分毎）、それ以外は9～16時（60分毎）、悪天候時欠航

☎ 0142-75-2137・Fax 0142-75-2653

料　金
大人1,420円、小学生710円（福祉割引あり）

アクセス
ＪＲ洞爺駅からバスで20分

世界ジオパークに認定された洞爺湖は、2008年に主要国首脳会議が開かれた地。遊覧船は車いすで乗船でき、四季折々の自然を湖上で満喫できる。

洞爺湖汽船の遊覧船「エスポアール」

登別マリンパークニクス

P LP WC ♿ 👶

※基本経路に段差あり／車いす使用者対応コースあり

住　所
登別市登別東町1の22

営業時間
9～17時

☎ 0143-83-3800・Fax 0143-83-2400

料　金
大人2,500円、4歳～小学生1,300円（福祉割引あり）

アクセス
ＪＲ登別駅から徒歩5分

ニクス城のアクアトンネルは海中散歩気分

水族館ニクス城はデンマークの城がモデル。内部には美しい海の世界が広がる。全天候型ショープールでのイルカ、アシカのショーやペンギンのパレードも楽しい。

人気のペンギンパレード

のぼりべつクマ牧場

P LP WC ♿ 👶
🚠 <HK>

※通路に段差あり／ロープウエー・ゴンドラは乗降時のサポートあり

住　所
登別市登別温泉町224

営業時間
8時半～16時半（7、8月は17時まで）

☎ 0143-84-2225・Fax 0143-84-2857

料　金
大人2,650円、4歳～小学生1,350円、3歳以下無料（福祉割引あり）

ゴンドラは施設の車いすに乗り換えて乗車。付き添い1人が必要。

道の駅 みたら室蘭

住　所
室蘭市祝津町4の16の15

営業時間
9時半～21時、無休（11～3月は17時まで、木曜休）

☎ 0143-26-2030・Fax 0143-26-2043

P LP WC ♿ 👶 <HK>

室蘭を代表するグルメ「室蘭やきとり」や「うずらんソフト」が食べられる。

国稀酒造

P ♿

※段差にはスロープあり／国稀酒造の女子トイレ（要介助）と千石蔵に、車いす使用者の利用可能トイレあり

住　所
増毛町稲葉町1の17

営業時間
9～17時

☎ 0164-53-1050・Fax 0164-53-2001

料　金
見学、試飲は無料

アクセス
札幌から車で2時間10分

千石蔵のニシン船

1882年（明治15年）創業の日本最北の蔵元。酒蔵見学や試飲ができる。徒歩3分の場所にある同社所有の「千石蔵」ではニシン船や写真の展示を通してニシン漁繁栄の歴史を学べる。

地球岬

P ♿WC <HK>

住　所	室蘭市母恋南町4の77
	☎ 0143-25-3320・Fax 0143-25-2478
	（室蘭市観光課）

岬の展望台からは太平洋を見渡す大パノラマが広がり、天気が良ければ下北半島も望むことができる。

千歳アウトレットモール・レラ

P P ♿WC 🚼 🅿 <HK>

※札幌からJRで南千歳駅まで35分、同駅から徒歩3分

住　所	千歳市柏台南1の2の1
営業時間	10〜19時
	☎ 0123-42-3000・Fax 0123-42-3600

新千歳空港に近く、大型駐車場あり。有名ブランド店や人気アパレル店など約100店舗がそろう。

新千歳空港 ターミナルビル

HKワークス

P P 🚻 🔊音声 ♿WC 🚼 👶 🅿

※手話フォン設置あり／身障者用乗降所あり／手話通訳あり（案内所）

住　所	千歳市美々

営業時間
5〜23時（フライトスケジュール変更や遅延便発生などで変更の場合あり）

☎ 0123-23-0111

料　金
駐車場は1時間100円〜（一部は30分まで無料）

アクセス
JR新千歳空港駅直結（JR札幌駅から快速で37分前後）

▲昭和の雰囲気を楽しめる市電通り食堂街

◀道内の土産物が勢ぞろいのショッピング・ワールド

空港のシンボル、開放的なセンタープラザ

● おすすめポイント

　空港内は車いすで自由に移動できる。インフォメーションには車いす、ベビーカーが用意され、ショッピングや移動の際に便利だ。航空会社でも、高齢者や車いす使用者

有名店がずらりと並ぶ北海道ラーメン道場

専用のカウンターを設けており、ローカウンターで座ったまま手続きできるなど配慮されている。コントラストをはっきりさせた見やすいサインが設置され、車いす使用者でも利用可能な広いスペースのトイレも設けられている。

　空港内は飲食店、お土産店、ホテル、温泉、映画館などがある複合商業施設となっている。札幌を中心に、旭川、函館、弟子屈など道内有名店10店が集まる「北海道ラーメン道場」には行列ができる店も。「ショッピング・ワールド」では空港限定のスイーツやお土産品の販売もあり、人気商品はすぐに完売してしまう。昔ながらの街並みを再現した「市電通り食堂街」では、スープカレーやおすしなど北海道グルメが味わえる。

三井アウトレットパーク
札幌北広島

P P WC （アイコン群）

住　　　所

北広島市大曲幸町 3 の 7 の 6

営業時間

ショップ10〜20時、フードコート10時半〜21時、レストラン11〜21時、定休日はホームページで確認を

☎ 011-377-3200・Fax 011-377-3215

アクセス

札幌駅前から直行バスで50分／新千歳空港から直行バスで30分

開放感あふれる店内にさまざまなショップが並ぶ

●行ってきました!!

北広島市にある北海道エリア最大のアウトレットモール。観光拠点としての役割も担う。食品、雑貨、ブランドの洋服がお得に買えるだけでなく、多彩な商品がラインナップされていて家族みんなで楽しめる。お土産も、見ているだけで楽しいくらい品ぞろえが豊富なので、北海道の「食べる」「買う」を満喫できる。

おなかが空いたらフードコートへ。帯広が本店の「豚丼のぶたはげ」の豚丼はお肉が軟らかく、甘辛いたれも絶品。人気のラーメン店「弟子屈ラーメン」は豚骨ベースに魚介系の旨味を合わせた「魚介しぼり醤油」がオススメだ。そのほか、洋食、ジンギスカン、スイーツなどさまざまなお店が並び、選ぶのに困るほど。1階の「路地裏カリィ侍.」のスープカレーは野菜がたっぷり入っていて深みのある味がやみつきになる。授乳室もあり、赤ちゃん連れにも優しい。イスラム圏の観光客向けに礼拝室も設けられている。

路地裏カリィ侍.のスープカレー。好きなトッピングができる

豚丼（肉6枚）の唐辛子はお好みで（豚丼のぶたはげ）

わかさいも本舗
洞爺湖本店・
レストラン仙堂庵

HKブックス

P

※2階レストランへは階段のみ（車いす使用者は事前予約で1階団体用席を用意）

住　　　所

洞爺湖町洞爺湖温泉144

営業時間

店舗 9〜18時、レストラン11〜19時

☎ 0142-75-4111（店舗）
☎ 0142-75-1222（レストラン）

料　　　金

わかさいも（6個）778円、噴火湾ほたてそば御膳1,683円など

アクセス

洞爺湖温泉バスターミナルから徒歩5分

洞爺湖を眺めながら食事できる仙堂庵

北海道を代表する老舗菓子店。看板商品のわかさいもをはじめ土産菓子がたくさん（いも天の実演販売あり）。2階にはレストラン仙堂庵がある。

噴火湾のホタテを使ったメニューが人気

食べる・買う

ベーカリーショップ ななかまど

🅿️ ♿wc \<HK\>
※テーブル席で車いすのまま飲食できる

住 所
白老町大町2の2の17

営業時間
10〜17時、第1日曜・祝休

☎ 0144-82-6677・Fax 0144-82-6679

料 金
あんぱん88円＝写真＝、白老和牛バーガー540円など

白老をはじめ地元の食材を生かした手作りパンで人気のベーカリー。

食べる・買う

ファームレストラン ウエムラ・ビヨンド

🅿️ \<HK\>
※広めの洋式トイレあり

住 所
白老町社台289の8

営業時間
11〜20時

☎ 0144-83-4929・Fax 0144-83-5213

料 金
和牛王国ウエムラの炙り牛丼1,210円など

白老牛一貫生産で知られる上村牧場の直営レストラン。

食べる・買う

佐藤水産 サーモンファクトリー店

HKフークス

🅿️ ♿🅿️ ♿wc
※2階レストランへはエレベーターあり

住 所
石狩市新港東1の54

営業時間
9時半〜17時半

☎ 0120-625-090

料 金
いくら醤油漬1,490円、鮭ルイベ漬947円など

アクセス
JR札幌駅から車で30分

世界でもここだけの天然サケオリジナルグルメが勢ぞろいしたサケ専門店。ファクトリー限定商品も販売し、2階レストランでは旬の味を提供。

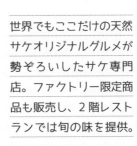

ファクトリー名物のグルメおにぎりも人気

食べる・買う

道の駅石狩 あいろーど厚田

🅿️ ♿🅿️ 案内 田 ♿wc
👤 買 \<HK\>

住 所
石狩市厚田区厚田98の2

営業時間
10〜16時（季節により変動）

☎ 0133-78-2300・Fax 0133-78-2233

3階展望テラスは車いすのまま利用できる。

食べる・買う

道の駅 おびら鰊番屋

🅿️ ♿🅿️ 案内 田 音声 ♿wc 👤 買 \<牧野\>

住 所
小平町鬼鹿広富48の1

営業時間
9〜18時（12〜3月は10〜17時）、無休

☎ 0164-56-1828（Fax同じ）

料 金
旧花田家番屋の見学料は大人400円、小中学生150円

併設の旧花田家番屋は必見。車いすで観覧できるが一部段差があり、サポートが必要だ。

道央（小樽・余市・ニセコエリア）

1 人気の小樽と余市をエンジョイ　日帰りモデルコース
魅力たっぷり！ 小樽・余市を巡る定番コース。

2 ニセコの自然と芸術を探訪　1泊2日モデルコース
ニセコエリアを満喫するコース。2日目は小樽の名所を楽しむ。

1

9:00 札幌出発
　　　↓56㌔（高速利用）
10:30 余　市　ニッカウヰスキー余市蒸溜所①、余市宇宙記念館②など。昼食は柿崎商店 食事処「海鮮工房」③
　　　↓21㌔
14:00 小　　樽　日本銀行旧小樽支店 金融資料館④、三号館北一ホール⑤、小樽オルゴール堂
　　　　　　　2号館 アンティークミュージアム⑥、田中酒造 亀甲蔵⑦など
　　　↓35㌔（高速利用）
18:00 札幌到着

2 **1日目**

9:00 札幌出発
　　　↓50㌔
10:30 支　笏　湖　⑧（ビジターセンター、休暇村 支笏湖など。昼食は名物のチップ料理を）
　　　↓70㌔
15:00 京　　　極　ふきだし公園で休憩⑨
　　　↓22㌔
16:30 ニ　セ　コ　道の駅 ニセコビュープラザ⑩など
　　　↓10㌔
17:00 ニ　セ　コ　ニセコ温泉郷 いこいの湯宿 いろはで宿泊⑪

2 **2日目**

9:00 ホテル出発
　　　↓10㌔
9:30 ニ　セ　コ　有島記念館⑫
　　　倶　知　安　倶知安風土館⑬など
　　　↓42㌔
12:30 余　　市　昼食③
　　　↓21㌔
15:00 小　　樽　小樽運河⑭、④、⑤、⑥、⑦など
　　　↓35㌔（高速利用）
18:00 札幌到着

オーセントホテル 小樽

P LP WC [アイコン群]

※大浴場・ロビーフロアに段差あり／シャワーチェア・浴槽用いすの貸し出しあり

住 所
小樽市稲穂2の15の1

☎ 0134-27-8100・Fax 0134-27-4404

アクセス
JR小樽駅から徒歩5分

福祉機器の貸し出しや手すりの設置により使いやすい浴槽

洗面台下にスペースがあり、車いすで移動しやすい洗面所

●おすすめポイント●

ノスタルジックな雰囲気にあふれた街小樽にある、伝統とくつろぎを感じさせるホテル。JR小樽駅や小樽運河の徒歩圏内にあり、ホテルを拠点に観光を楽しめる。

ミストサウナ付き浴場は宿泊者専用。バリアフリールームは、照明スイッチが低い位置に配置され、高さを調整できる可動式ハンガーが設置されるなど車いす使用者への配慮が行き届いている。浴室には背もたれ付きのシャワーチェア、浴槽用いすなどが用意されている。

朝食はホテルの自家製パンが食べられる洋食バイキングが人気だ。

フラットで広々とした寝室

グランドパーク小樽

P LP WC [アイコン群] BF対応食

※JR小樽築港駅改札からホテル2階入り口までバリアフリールートあり／隣接のウイングベイ小樽内にオストメイト対応トイレあり／食事対応可（アレルギー・きざみ食など、要事前相談）／シャワーチェア、バスマットなどの貸し出しあり

住 所
小樽市築港11の3

☎ 0134-21-3111・Fax 0134-21-3322

料 金
1人素泊まり6,820円〜、朝食付き8,910円〜

アクセス
JR小樽築港駅から徒歩5分

小樽ベイエリアに立つインターナショナルホテル。客室は全室32平方㍍以上あり眺望が良い。一般客室のトイレでも車いすで入れる広さがある。

手すり、シャワーチェア完備のバス、トイレ

オーシャンビューを楽しめる広々とした客室

おたる宏楽園

P ♿ 🚻 ♿客室 ♨貸切 🍴個別 3F対応食

住　所
小樽市新光5の18の2

☎ 0134-54-8221・Fax 0134-54-8223

料　金
1人17,600円～

アクセス
ＪＲ小樽築港駅から車で10分

落ち着いたたたずまいの老舗旅館

おすすめポイント

　朝里川温泉郷の入り口に位置する、8千坪の庭園に囲まれた温泉旅館。客室34室中28室が露天風呂付きで、高齢者や家族連れに人気がある。自家源泉の温泉はアルカリ性が高く肌がつるつるするのが特徴で「美肌の湯」といわれる。

　館内は畳敷きで、和の雰囲気を味わえるつくり。そこかしこに花が飾られ、眺めながらゆったりとした時間を過ごせる。要所要所にスロープやエレベーターがあり、全て車いすで移動できる。

　バリアフリー対応の露天風呂付き客室はフロントに近く、車いすでの移動も便利。寝具の高さも寝起きが楽なように設計され、希望により高いテーブルで夕食を用意してくれるなど気配りと心遣いのある宿だ。

寝起きが楽な高さのベッドを用意

和・洋室とも車いすで移動しやすい広さ

四季の庭園が楽しめる個室露天風呂

ニセコ温泉郷 いこいの湯宿 いろは

P ♿ 🚻wc ♿客室 🍴個別 🍴個別
※大浴場に段差あり

住　所
ニセコ町ニセコ477

☎ 0136-58-3111・Fax 0136-58-2351

アクセス
ＪＲニセコ駅から車で10分
（同駅から予約制デマンドバスあり）

室内の段差をなくし、入り口やトイレのドアも幅広の引き戸に。畳の間以外は全て車いすで移動できる。自慢の露天風呂は美肌効果に優れた泉質。

車いすでもゆとりをもって移動できる室内

車いす用洗面台を設置したトイレ

肌のつるつる感を実感できる露天風呂

泊まる

木ニセコ
（き）

🅿️ 🅿️ ♿ 🚻 🛁 ♨️貸切 BF対応食 <HK>

住 所
倶知安町山田183の43

☎ 0136-21-2565

料 金
2人1室利用時27,000円〜

※大浴場に段差あり・シャワーチェアあり／食事対応可（2週間前までに要予約）

羊蹄山の眺望とスキー場直結のロケーションが魅力のホテル。

泊まる

スカイニセコ

🅿️ 🅿️ ♿ 🚻 ♨️貸切 🍴バリ BF対応食 <HK>

住 所
倶知安町山田204の7

☎ 0136-55-5123

料 金
2人1室利用時34,000円〜

※食事内容は要望に応じて対応可（2週間前までに要予約）

バリアフリー対応施設で部屋も広く3世代でゆったり過ごせる。

遊ぶ・見る・体験する

小樽運河

♿ 🚻 <HK>

住 所
小樽市港町

☎ 0134-32-4111・Fax 0134-27-8600
（小樽市役所）

※石畳あり／スロープがあり車いすでの移動可

散策路は石畳のため、車いす使用者は介助者がいるとより安全に移動できる。

遊ぶ・見る・体験する

運河プラザ

🚻 👤 ♿ 🍴 <HK>

住 所
小樽市色内2の1の20

営業時間
9〜18時

☎ 0134-33-1661

観光案内所のほか、地元ならではのお土産を販売するコーナーも併設している。

遊ぶ・見る・体験する

三号館北一ホール

HKプラス

🅿️

※入り口に簡易スロープあり

住 所
小樽市堺町7の26

営業時間
8時45分〜18時

☎ 0134-33-1993・Fax 0134-29-0192

料 金
ロイヤルミルクティ580円、ミルクティソフトクリーム480円など

アクセス
JR南小樽駅から徒歩10分

167個の石油ランプが灯る幻想的な雰囲気の喫茶店。月曜から金曜は14時、15時、16時から30分間、ピアノの生演奏を楽しめる。

風格ある石蔵倉庫を利用したホール

遊ぶ・見る・体験する

日本銀行旧小樽支店 金融資料館

🅿️ ♿ 🚻 📶

※車いす専用入り口あり／筆談可／駐車場は車いす使用者がバスのみ（要予約）

住所
小樽市色内1の11の16

営業時間
9時半〜17時（12〜3月は10時から）
水曜休

☎ 0134-21-1111・Fax 0134-21-1201

料金
無料

アクセス
ＪＲ小樽駅から徒歩10分

1億円を持ち上げる体験ができる

1912年（明治45年）完成の小樽市指定文化財。設計は辰野金吾、長野宇平治ら。館内では日本銀行の歴史や業務、小樽の発展について紹介している。

れんが造りで、表面にモルタルが塗られた石造り風の歴史的建造物

遊ぶ・見る・体験する

小樽オルゴール堂2号館 アンティークミュージアム

<HK>
※入り口に段差あり

住所
小樽市堺町6の13

営業時間
9〜18時

☎ 0134-34-3915・Fax 0134-31-2304

アンティークオルゴールの音色と振動を体感できる。

遊ぶ・見る・体験する

新南樽市場

🅿️ 🚻 <HK>

住所
小樽市築港8の11

営業時間
9〜18時（各店舗で異なる）、水曜休

☎ 0134-27-5068（Fax同じ）

小樽で一番大きな対面式市場。新鮮な魚介、肉、野菜などを販売している。

遊ぶ・見る・体験する

田中酒造 亀甲蔵 （きっこうぐら）

🅿️ ♿ 🚻 🧑 📶

※2階見学製造場へは昇降機あり／見学製造場・トイレ・階段は手すりあり

住所
小樽市信香町2の2

営業時間
9〜18時

☎ 0134-21-2390・Fax 0134-21-2424

料金
無料

アクセス
ＪＲ南小樽駅から徒歩5分

1899年（明治32年）創業の小樽唯一の造り酒屋で市指定の歴史的建造物。全国的に珍しい四季醸造蔵で、一年中お酒の仕込み作業を見学できる。

店内は通路が広く移動しやすい

試飲も楽しめる

遊ぶ・見る・体験する

小樽市 総合博物館

P ♿ LP ♿WC ♿ ♿ ♿ <HK>

住 所
小樽市手宮1の3の6

営業時間
9時半～17時、火曜休

☎ 0134-33-2523・Fax 0134-33-2678

料 金
一般400円、高校生200円（冬季料金、福祉割引あり）

小樽の歴史と自然、北海道の交通史、科学技術がテーマの博物館。車いす使用者対応コースあり。

遊ぶ・見る・体験する

ウイングベイ小樽

P ♿ LP ♿WC ♿ ♿ ♿ ♿ <HK>

住 所
小樽市築港11

営業時間
10～20時（一部施設や店舗により異なる）

☎ 0134-21-5000

※入り口・通路に段差あり／JR小樽築港駅直結

小樽を代表する複合商業施設。数多くの店舗やシネコン、スポーツクラブ（温浴施設あり）などがあり、一日中楽しめる。

遊ぶ・見る・体験する

にしん御殿 小樽貴賓館 （旧青山別邸）

P ♿ LP ♿WC ♿ ♿ ♿ <HK>

住 所
小樽市祝津3の63

営業時間
9～17時（11～3月は16時まで）

☎ 0134-24-0024・Fax 0134-24-3790

料 金
入館料は中学生以上1,100円、小学生550円

※入り口・通路段差あり／旧青山別邸は文化財保護のため、車いす・歩行器での入館不可

貴賓館はカーペット敷きのため、入館時に車いす、歩行器、つえなどを拭いてくれる。

遊ぶ・見る・体験する

余市 宇宙記念館

P ♿ LP ♿ <HK>

※道の駅内にあり

住 所
余市町黒川町6の4

営業時間
9～16時、月曜休。営業は4月第3土曜～11月末

☎ 0135-21-2200・Fax 0135-21-2203

料 金
高校生以上500円、小中学生300円

余市町出身の宇宙飛行士毛利衛さんゆかりの宇宙科学館。

遊ぶ・見る・体験する

ニッカウヰスキー 余市蒸溜所

HKワークス

P ♿ LP ♿WC ♿ ♿ ♿ ♿

※ガイドツアーあり（予約制）

住 所
余市町黒川町7の6

営業時間
9～17時

☎ 0135-23-3131・Fax 0135-23-3137

料 金
無料

アクセス
JR余市駅から徒歩3分

屋根が特徴的な乾燥棟（キルン塔）

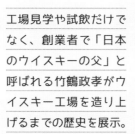

工場見学や試飲だけでなく、創業者で「日本のウイスキーの父」と呼ばれる竹鶴政孝がウイスキー工場を造り上げるまでの歴史を展示。

蒸溜棟では蒸溜釜（ポットスチル）を見られる

倶知安を学ぶ

遊ぶ・見る・体験する

倶知安風土館

🅿🅿♿🚻♿

住　所
倶知安町北6東7の3

営業時間
9〜17時、火曜休

☎0136-22-6631・Fax0136-22-6632

料　金
大人200円、高校生以下と小川原脩記念美術館観覧者は無料

アクセス
JR倶知安駅から徒歩30分、車で7分

●小川原脩記念美術館
おがわらしゅう

🅿🅿♿🚻案内WC♿ <牧野>

住　所：倶知安町北6東7の1
営業時間：9〜17時、火曜休

☎0136-21-4141・Fax0136-21-4142
料　金：大人500円、高校・大学生300円、小中学生100円（チケット購入者は倶知安風土館無料）

洗練されたデザインの小川原脩記念美術館

町の歴史を楽しく学べる倶知安風土館

・行ってきました!!

倶知安町は著者（牧野）の生まれ故郷。羊蹄山に抱かれたこの町の歴史を楽しく学べるのが倶知安風土館だ。昭和のころの住まいや商店、学校などが再現されていて、昔懐かしい家財道具や日用品に囲まれてしばし思い出に浸る。倶知安ならではのスキーの歴史や、豊かな自然に関する展示も充実している。昔の駅が再現されていたり、後志の鉄道にかかわる資料がそろっていたりと、鉄道ファンにとっても見逃せない施設だ。入り口には車いす対応の昇降機があり、スタッフが優しく案内してくれるので安心。

風土館と同じ敷地にある小川原脩記念美術館もおすすめ。倶知安に生まれ、倶知安で創作に打ち込んだ画家小

館内では昭和の暮らしを再現

川原脩の作品をじっくり鑑賞できる。洗練された建物は多目的トイレなどバリアフリー設備を完備。周囲の景観も素晴らしく、天気の良い日は爽快なパノラマが広がる。

スキーと倶知安のかかわりを学べる展示も

遊ぶ・見る・体験する

神仙沼自然休養林

HKブックス

🅿🚻WC

※駐車場から車いすで回れる木道コースあり（木道の一部に段差があるため介助が必要）

住　所
共和町前田

営業時間
9〜17時、入林期間は6〜10月下旬

☎0135-73-2011（共和町役場）

料　金
無料

アクセス
JR小沢駅から車で30分

木道を通って沼を周遊できる

神秘的な景観から神や仙人がすむといわれる神仙沼。木道散策路が整備されており、車いすで四季の自然を楽しめる。

秋は紅葉が美しい

有島記念館

遊ぶ・見る・体験する

P ♿WC ♿ <HK>
※石畳の通路あり

住 所
ニセコ町有島57

営業時間
9～17時、月曜休

☎ 0136-44-3245・Fax 0136-55-8484

料 金
一般500円、高校生100円、中学生以下と65歳以上のニセコ町民は無料

文豪有島武郎の歩みを紹介。随時開催される企画展、ブックカフェも人気。

ふきだし公園

遊ぶ・見る・体験する

P ♿P ♿WC ♿ <HK>
※基本経路に段差あり／車いす使用者対応コースあり

住 所
京極町川西

☎ 0136-42-2111・Fax 0136-42-3155
（京極町役場）

蝦夷富士とも称される羊蹄山の麓で育まれた湧水は、「日本名水百選」に選出されている。

木田金次郎美術館

遊ぶ・見る・体験する

P ♿P ♿WC ♿
<HK>

住 所
岩内町万代51の3

営業時間
10～18時、月曜休

☎ 0135-63-2221・Fax 0135-63-2288

料 金
一般600円、高校生以下無料（福祉割引あり）

岩内の自然を描き続けた画家・木田金次郎の作品や人生をひもとく美術館。

おたる屋台村レンガ横丁
おたる屋台村ろまん横丁

食べる・買う

♿ <HK>
※基本経路に段差あり／車いす使用者対応コースあり

住 所
小樽市稲穂1
（サンモール一番街アーケード内）

営業時間
店舗ごとに異なる

☎ 店舗ごとに異なる

屋台20店舗が並ぶ横丁。それぞれのスタイルで小樽の夜を楽しめる。

小樽洋菓子舗
ルタオ本店

食べる・買う

HKフックス

P ♿WC
※店内はフラットで車いすで移動可／2階喫茶室へはエレベーターあり

住 所
小樽市堺町7の16

営業時間
9～18時（季節により変動あり）

☎ 0134-40-5480・Fax 0134-31-4277

料 金
ドゥーブルフロマージュ（冷凍）1,728円、奇跡の口どけセット1,430円

アクセス
ＪＲ南小樽駅から徒歩8分

2階は車いすでも利用しやすいテーブル席

小樽に本店を構える人気洋菓子店。2階喫茶室では作りたての北海道限定ドゥーブルを使用した本店限定「奇跡の口どけセット」を味わえる。

チーズを使ったスイーツが人気

食べる・買う

柿崎商店 食事処「海鮮工房」

住 所
余市町黒川町7の25

営業時間
店舗9～18時、食堂10～18時

☎ 0135-22-3354・Fax 0135-23-5164

料 金
海鮮丼1,330円など

アクセス
JR余市駅から徒歩3分

人気の海鮮丼

※2階の食堂へはエレベーターを利用可

地元客にも観光客にも人気の生鮮食料品店。2階にある直営食堂では鮮度抜群の海の幸をリーズナブルな価格で味わえる。

食堂はテーブル席で車いすでも利用しやすい

食べる・買う

武田鮮魚店 味処たけだ

<HK>

住 所
小樽市稲穂3の10の16小樽三角市場内

営業時間
7～16時

☎ 0134-22-9652・Fax 0134-22-9661

料 金
三色丼1,800円～（組み合わせにより異なる）＝写真＝など

※入り口に段差あり／急勾配のため介助者が必要／JR小樽駅から国道5号側の入り口へは階段なし（車いすで移動可）

鮮魚店直営で車いすのまま食事可。新鮮な刺し身や焼き物などが楽しめる。

食べる・買う

きのこ王国 仁木店

<牧野>

住 所
仁木町大江1の930

営業時間
9～18時（11月中旬～4月上旬は17時まで）、無休

☎ 0135-31-2222・Fax 0135-31-2223

※レストランに簡単な手話通訳のできるスタッフがいる

きのこ汁や炊き込みご飯が人気。キノコの加工品も豊富にそろう。

食べる・買う

中山峠 峠の茶屋「山カフェ」

<HK>

住 所
喜茂別町川上346

営業時間
10時40分～18時半（冬季は17時40分まで）

☎ 0136-33-2727（Fax 同じ）

料 金
あげじゃが＝写真左＝350円、よつ葉のソフト380円、中山うま塩チキン380円など

※入り口に段差あり

羊蹄山を眺めながら軽食を楽しめる。ドライブ休憩に最適。

食べる・買う

道の駅ニセコ ビュープラザ

<HK>

住 所
ニセコ町元町77の10

営業時間
情報プラザ棟は9～18時（店舗・季節により異なる）

☎ 0136-43-2051・Fax 0136-43-2052

豊富な種類の特産品や農産物を販売。観光案内所を併設。

47

道央（岩見沢・日高近郊エリア）

1 空知の炭鉱・鉄道を楽しむ昭和レトロ旅 日帰りモデルコース
石炭博物館や鉄道記念館を訪れ、空知の歴史を探訪する。

2 胆振夫婦川流域を巡る旅 日帰りモデルコース
夫婦川と呼ばれる鵡川と沙流川。その流域に生まれたアイヌ文化に触れる。

1

9:00	札幌出発
	↓70㌔（高速利用）
10:30	夕　　張　夕張市石炭博物館①
	↓27㌔
12:30	由　　仁　ゆにガーデンで昼食②
	↓39㌔
15:00	三　　笠　三笠鉄道村③
	↓56㌔（高速利用）
18:00	札幌到着

2

9:00	札幌出発
	↓118㌔（高速利用）
11:30	平　　取　びらとり温泉ゆから（レストラントマト）で昼食④
	平取町立二風谷アイヌ文化博物館⑤
	芽生すずらん群生地⑥など
	↓81㌔（高速利用）
16:30	苦　小　牧　道の駅 ウトナイ湖で休憩⑦
	↓64㌔（高速利用）
18:00	札幌到着

道央（岩見沢・日高近郊エリア）

優駿の里から天馬街道をゆく日高・十勝の旅 2泊3日モデルコース

日高のサラブレッドを見学し、天馬街道を北上。十勝では広大な景色や食を楽しむ。

1 日目

9:00 札幌 出発
　　　↓ 132㌔（高速利用）
11:00 新　　　冠 新冠町レ・コード館①
　　　　　　　　 サラブレッド銀座など
　　　↓ 35㌔
12:00 新ひだか みついし昆布温泉 蔵三で昼食②
　　　↓ 23㌔
14:00 浦　　　河 うらかわ優駿ビレッジAERUで
　　　　　　　　 観光、宿泊③

2 日目

9:00 ホテル出発
　　　↓ 94㌔
11:00 中 札 内 道の駅なかさつないで休憩④
　　　↓ 25㌔
12:00 幕　　　別 十勝ヒルズで昼食⑤
　　　↓ 18㌔
15:30 音　　　更 柳月スイートピア・ガーデン⑥
　　　↓ 14㌔
17:00 十勝川温泉 十勝川温泉 第一ホテル 豊洲
　　　　　　　　 亭・豆陽亭で宿泊⑦

274

道東自動車道

新千歳空港

36

38

⑥

⑨ 清水町

帯広市

⑦ 十勝川温泉

⑧ 幕別町
⑤

④

大樹町

③

スタート
札幌市

道央自動車道

① 新冠町

① 新ひだか町

② 浦河町

236 天馬街道

③

3 日目

9:00 ホテル出発
　　　↓ 14㌔
9:20 帯　　　広 真鍋庭園⑧
　　　　　　　　 愛国駅、幸福駅
　　　↓ 40㌔
12:00 清　　　水 十勝千年の森⑨
　　　↓ 176㌔（高速利用）
18:00 札幌 到着

しんしのつ温泉 たっぷの湯

P ♿ ♿ 🚿 ♨ 貸切 🍴個別 BF対応食

※食事対応は要事前相談／日帰り入浴（6〜8時、10〜22時）あり

住 所
新篠津村第45線北2

☎ 0126-58-3166・Fax 0126-58-3966

料 金
1泊2食付き8,500円〜（貸し切り風呂に福祉割引あり）

アクセス
ＪＲ岩見沢駅からバスで30分／札幌中心部から車で1時間

手すりのある広い客室トイレ

しのつ公園内にある道の駅併設の温泉宿。客室からしのつ湖と石狩平野を一望できる。源泉かけ流しの温泉は大浴場と貸し切り風呂がある。冬はワカサギ釣りが人気だ。

ぬくもりを感じられる客室

ログホテル メープルロッジ

P ♿ WC 🚿 ハイツ 🍴個別 BF対応食

※館内に段差あり／食事対応可（アレルギー・きざみ食・量の調整）／コテージは車いす利用可／日帰り入浴（11〜20時）あり

住 所
岩見沢市毛陽町183の2

☎ 0126-46-2222・Fax 0126-46-2882

料 金
1人11,700円〜

アクセス
岩見沢市街から車で20分

車いすで利用できるログハウスもある

ログハウスならではの木の温かさを感じられるホテル。地産地消にこだわった料理やフィンランド式サウナ付きの温泉などが楽しめる。

客室トイレは広く、手すり付き

新冠温泉 レ・コードの湯 ホテルヒルズ

P ♿ 🚿 貸切 🍴 ハイツ
🍴個別 <HK>

※大浴場に段差あり／シャワーキャリー貸し出しあり／食事はバイキングまたは御膳／日帰り入浴（5〜8時、10〜22時）あり

住 所
新冠町西泊津16の3

☎ 0146-47-2100・Fax 0146-47-4301

太平洋を望む新冠町の高台にある夕日自慢の宿。

みついし 昆布温泉 蔵三

P ♿ P WC 🚿 🍴個別 BF対応食 <HK>

※シャワーキャリーの貸し出しあり／食事対応可（アレルギー）／日帰り入浴（10〜22時）あり

住 所
新ひだか町三石鳧舞162

☎ 0146-34-2300・Fax 0146-34-2330

料 金
1泊2食付き15,000円

太平洋を眺められる「海船露天風呂」＝写真＝がある。

うらかわ優駿ビレッジAERU

HK
ワークス

P P & wc 個 ケツ 個別 BF

※食事対応可（アレルギー・きざみ食・量の調整）／シャワーキャリーの貸し出しあり
／日帰り入浴（6〜23時）あり

車いすで移動できるゆったりした客室

日高山脈の自然の中にある、馬をコンセプトにした観光ホテル。乗馬やパークゴルフ、地場産にこだわったレストランや景色のよい大浴場が魅力だ。

住　所
浦河町西舎141の40

☎ 0146-28-2111・Fax 0146-24-8110

料　金
素泊まり1人7,700円〜（バリアフリールーム）

アクセス
帯広空港から車で1時間40分

広大な敷地で乗馬を体験

びらとり温泉ゆから

HK
ワークス

P P & wc 個 ケツ 客室 貸切 個別 BF

※大浴場・客室に段差あり／食事対応可（アレルギー・きざみ食）／日帰り入浴(10〜22時)あり

開放感ある大きな窓の客室

二風谷ファミリーランド内にあり、キャンプ場やパークゴルフ場を併設。日高では珍しい炭酸泉があり、びらとり牛も味わえる。

住　所
平取町二風谷92の6

☎ 01457-2-3280・Fax 01457-2-3219

アクセス
日高道・日高富川インターチェンジから車で20分

透明でやわらかい泉質の天然温泉

蔵元
北の錦記念館

P & wc ＜HK＞

※入り口・通路に段差あり

住　所
栗山町錦3の109

営業時間
10〜17時（11〜3月は16時まで）

☎ 0123-76-9292・Fax 0123-72-5035

料　金
入館無料

記念館は国の登録有形文化財。酒造りの歴史を刻んだ酒器など約5千点を展示している。

三笠鉄道村

P P & wc 個 個
＜HK＞

※入り口スロープあり／乗り物は乗降時のサポートあり／車いす使用者対応コースあり

住　所
三笠市幌内町2の287

営業時間
9〜17時、月曜休。営業は4月中旬〜10月中旬

☎ 01267-3-1123・Fax 01267-2-6965

料　金
一般530円、小中学生210円

北海道鉄道発祥の地として蒸気機関車や模型、鉄道の資料を多数展示。

夕張市石炭博物館

P **&WC** **&** **&**

住　所
夕張市高松7

営業時間
10～17時（10月は16時半まで）、火曜休、冬季休館

☎ 0123-52-5500・Fax 0123-52-5566

料　金
中学生以上720円、小学生440円（福祉割引あり）

アクセス
札幌から車で1時間40分／新千歳空港から車で1時間10分

写真と当時の品々で歴史を振り返る

1922年から使われたサリバン型エアーコンプレッサー。坑内の機械の動力として活用された

窓が大きく明るいロビー

行ってきました!!

2018年にリニューアルオープン。展示方法にアイデア、センスが感じられる施設だ。広々とした正面玄関から入ると、エントランスホールには懐かしいだるまストーブやアンモナイトの化石が飾られている。大きな窓から見える敷地の緑が爽やかだ。

地下展示室に向かうエレベーターは、ゆっくりと重々しく動いて深い地下に潜っていくような錯覚を覚える。扉が開くとひんやりとした空気と石炭のにおいが感じられ、炭鉱そのもの。当時使われていた機械や道具が展示され、作業の様子も分かりやすい。人形がリアルすぎてドキッとする。車いすでも入れ、音声ガイドボタンもあるので、それぞれのスポットで立ち止まって解説を聞ける。

2階展示室では炭鉱で栄えた昔から財政破綻を経て再生に向かうまでの夕張の歴史を、石炭を軸に学ぶことができる。子どもたちにもぜひ見てもらいたい。

ゆにガーデン

P **&P** **&WC** **&** **ベビー**

※園内一部段差あり／園内周回バスは車いすのまま乗車可／車いす使用者対応コースあり

住　所
由仁町伏見134の2

営業時間
10～17時（4月と10/5以降は16時まで）、開園期間は4/24～10/18

☎ 0123-82-2001・Fax 0123-82-2255

料　金
中学生以上700円、4月と10/5以降は400円、小学生以下無料（福祉割引あり）

アクセス
JR由仁駅から車で5分

160㍍に及ぶ宿根草のボーダーガーデン

「幸せ」がテーマの15カ所のガーデンエリアが、季節に応じたさまざまな花々で迎えてくれる。車いすで散策できるコースもある。

園内を20分で巡る周回バスもある

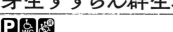

遊ぶ・見る・体験する

芽生すずらん群生地

住　所	料　金
平取町芽生	無料

営業時間	アクセス
9～16時、観賞期間は5月中旬～6月中旬	ＪＲ富川駅から車で50分

☎ 01457-3-7703・Fax 01457-2-2277
（平取町観光協会）

咲き誇るスズラン。平取町の町花でもある

約15㌶に及ぶ日本一広い野生のスズラン群生地。見頃は5月下旬から6月上旬で、白くかれんな花が咲く。観賞路の一部は車いすでも通れる。

シラカバの木立の中に観賞路が続く

遊ぶ・見る・体験する

平取町立
二風谷アイヌ
文化博物館

<HK>

住　所
平取町二風谷55

営業時間
9～16時半、無休（11/16～4/15は月曜休）、12/16～1/15は休館

☎01457-2-2892・Fax 01457-2-2828

料　金
大人400円、小中学生150円（体験料別）

展示や体験学習を通してアイヌ民族の文化を学べる。

遊ぶ・見る・体験する

二十間道路
桜並木

<HK>

住　所
新ひだか町静内田原・御園

営業時間
毎年5月上旬に開花

☎ 0146-49-0294・Fax 0146-43-3900
（新ひだか町まちづくり推進課）

※屋外のため多少の段差あり

約7㌔の直線道路に沿うように2千本を超える桜が咲き誇る。

遊ぶ・見る・体験する

町民保養施設
静内温泉

住　所	料　金
新ひだか町静内浦和106	大人500円、小学生300円、幼児無料

営業時間	アクセス
10～22時、月曜休	道南バス静内駅前から浦河方面行きで11分

☎ 0146-44-2111・Fax 0146-44-2112

※シャワーキャリーの貸し出しあり（家族風呂）

風呂には高さが調整できる浴用いすも用意されている

ナトリウム炭酸水素塩泉のやわらかいお湯は肌にやさしく、せっけんのようにきれいにしてくれる。車いすでの入浴なら事前予約で使える家族風呂（1時間1,200円～）が便利。

1899年に見つかった歴史ある温泉だ

遊ぶ・見る・体験する

道の駅 あびら D51 ステーション

てごいち

P ♿ 🚻 🚼 ♿ <HK>

住 所
安平町追分柏が丘49の1

営業時間
9〜18時（11〜3月は17時まで）

☎ 0145-29-7751・Fax 0145-25-2500

料 金
入館無料

北海道で活躍した蒸気機関車D51や特急車両を展示している。

遊ぶ・見る・体験する

新冠町 レ・コード館

P ♿ 🚻 <HK>

住 所
新冠町中央町1の4

営業時間
10〜17時、月曜休

☎ 0146-45-7833・Fax 0146-45-7778

料 金
見学コースは大人300円、高校生200円、小中学生100円

歴史的な価値のある蓄音機やレコード盤などを展示。国内最大級スピーカーのサウンドも楽しめる。

遊ぶ・見る・体験する

襟裳岬 「風の館」

P ♿ 🚻 🚼 <HK>

※駐車場から入り口までの経路に段差あり／車いす使用者対応コースあり

住 所
えりも町東洋366の3

営業時間
9〜17時（5〜8月は18時まで）、12〜2月は休館

☎ 01466-3-1133・Fax 01466-3-1135

料 金
大人300円、小人200円（福祉割引あり）

風速毎秒25㍍の強風を体験したり、岬に生息するゼニガタアザラシを観察したりできる。

遊ぶ・見る・体験する

月形 樺戸博物館

P ♿ 🚻 <HK>

住 所
月形町1219

営業時間
9時半〜17時、12月〜3月19日は休館

☎ 0126-53-2399（Fax 同じ）

料 金
一般300円、高校・大学生150円、小中学生100円

樺戸集治監の39年の歴史を豊富な資料でドラマチックに展示・再現している。

食べる・買う

道の駅 マオイの丘公園

P ♿ 🚻 ♿ <HK> ※通路に段差あり

住 所
長沼町東10の7

営業時間
9〜18時（12〜3月は17時まで。レストランや売店は異なる）

☎ 0123-84-2120・Fax 0123-82-8102

生産量日本一の長沼町産大豆を使った「源泉豆腐」がおすすめ。

食べる・買う

道の駅 ウトナイ湖

P ♿ 🚻 🚼 ♿ <牧野> ※展望台はエレベーターあり

住 所
苫小牧市植苗156の30

営業時間
9〜18時（11〜2月は17時まで）

☎ 0144-58-4137・Fax 0144-58-4100

料 金
入館無料

野鳥観察ができ、ホッキ貝やハスカップの商品が豊富。

道南（函館・江差近郊エリア）

渡島・檜山の食と歴史を楽しむ 2泊3日モデルコース

函館、大沼公園や江差と、道南の観光名所を巡る。

1日目

9:00　札幌出発
　　　↓ 255㌔（高速利用）
12:00　函館市内　五稜郭、ベイエリア周辺を観光、昼食
　　　　　　　　　五稜郭タワー、箱館奉行所、金森赤レンガ倉庫①、ラッキーピエロ マリーナ末広店②
　　　↓ 1㌔
18:00　　　　　　五島軒本店 レストラン雪河亭で夕食③、函館山ロープウェイ観光④
　　　↓ 2㌔
20:00　函館市内　HAKODATE 男爵倶楽部 HOTEL&RESORTS で宿泊⑤

2日目

8:00　ホテル出発
　　　↓ 500㍍
　　　函館駅前エリア　函館朝市で買い物、食事⑥
　　　↓ 21㌔
10:30　七飯周辺　道の駅 なないろななえ、はこだてわいん葡萄館本店⑦
　　　↓ 11㌔
12:00　大沼周辺　大沼国定公園、グリーンピア大沼で昼食⑧
　　　↓ 70㌔
17:00　乙部　バリアフリーホテルあすなろで宿泊⑨

3日目

9:00　ホテル出発
　　　↓ 14㌔
9:30　江差　江差追分会館・江差山車会館⑩、いにしえ街道、開陽丸記念館⑪
　　　↓ 67㌔（落部インターチェンジから高速利用）
14:30　八雲　噴火湾パノラマパーク（道央道八雲パーキングエリア）で休憩⑫
　　　↓ 186㌔（高速利用）
18:00　札幌到着

HOTEL&SPA センチュリーマリーナ函館

P ♿ 🚻 WC 👶 🍴 バイキング

※レストランで料理の取り分けサポートあり

函館市大手町22の13

☎ 0138-23-2121・Fax 0138-23-2131

アクセス
ＪＲ函館駅から徒歩５分／函館空港から車で20分

広いユニバーサルルーム。家具の配置など使いやすさへの配慮が行き届いている

地元食材を使った品数豊富な豪華朝食ビュッフェに満足。最上階の温泉は函館最大規模（車いすは使用不可）。

お願いすると料理を取り分けてくれる

HAKODATE 男爵倶楽部 HOTEL&RESORTS

P ♿ 案内 ♿ WC 福祉

※シャワーチェア・バスボード・滑り止めマット・簡易手すりの貸し出しあり

住　所
函館市大手町22の10

☎ 0138-21-1111・Fax 0138-21-1212

料　金
素泊まり１人10,800円〜

アクセス
ＪＲ函館駅から徒歩３分

福祉機器常備で使いやすいお風呂

全室リビング・キッチン・バルコニー付きのコンドミニアム型ホテル。老舗料理店への送迎付き夕食プランや、部屋まで出前してくれる食事プランが人気だ。

簡易手すり（写真中央）は好きな場所に設置できる

湯の浜ホテル

住　所
函館市湯川町１の２の30
☎ 0138-59-2231・Fax 0138-59-2237

P ♨ 客室 🍴 バイキング <HK> ※客室と客室風呂に段差あり

海に面した湯の川温泉の老舗ホテル。

グリーンピア 大沼

住　所
森町赤井川229
☎ 01374-5-2277・Fax 01374-5-2321

P ♿ WC 🍴 個別 BF対応食 <HK> ※食事対応可（アレルギー）

駒ケ岳の麓の広大な敷地に立つリゾートホテル。食事、温泉、プールやスキーなど四季を通じてさまざまなアクティビティを楽しめる。

バリアフリーホテル あすなろ

🅿️ 🅿️♿ ♿🚻 🚿♿ ♨️ 🍴個別 3F対応食

住　所
乙部町館浦494の1

☎ 0139-62-3344・Fax 0139-62-3333

料　金
1泊2食1人12,000円〜

アクセス
JR新函館北斗駅から車で1時間／JR札幌駅から車で4時間半

夕食は本格的な中華が楽しめる

広々としたデラックスルーム

行ってきました!!

全室バリアフリーで、車いすでも利用しやすいよう配慮した珍しいホテル。ある程度自分のことができる人なら1人での宿泊も可能だ。車いすごと入れる温泉大浴場があり、事前にお願いすれば介助付きで入浴できる。障がい者用の特殊浴槽も完備している。私が気に入ったのはタラソテラピー（海水入浴法）。毎日くみ上げた海水を適温にして利用している。母親の胎内にいたときの塩分濃度と同じで、漬かっているだけで癒やされる。ダイエットにも効果があるらしい。入浴や食事の介助も宿泊費に含まれている。

車いすで入れるお風呂

夕食は温泉ホテルには珍しい中華のコースで、これがなかなかのもの。前菜からフカヒレスープ、アワビの煮物や牛肉の炒め物など、おいしくてかなりのボリュームがある。朝食は洋食のコースだが、おかゆも付いてくる。焼きたてパンの香りが食欲を誘う。このホテルは、障がい者の就労支援施設も兼ねており、障がいのある人もスタッフとして働いている。

備え付けのシャワーキャリー

元和台海浜公園 海のプール

HKワークス

🅿️ 🅿️♿ ♿🚻 🚿♿

住　所
乙部町元和

営業時間
9〜16時半。営業は7月中旬〜8月中旬

☎ 0139-62-2871・Fax 0139-62-2939
（乙部町役場産業課）

料　金
清掃協力金として小学生以上100円

アクセス
JR新函館北斗駅から車で1時間10分／JR八雲駅から車で1時間

※水陸両用車いすの貸し出しあり／障がい者専用更衣室・シャワーあり／クリアカヤックの貸し出しあり

防波堤で囲まれた海のプール。環境省の「快水浴場百選」に道内で唯一選ばれている。波は穏やかで、バリアフリービーチとして安心して遊べる。

水陸両用車いすで障がいがあっても海水浴を楽しめる

奥尻島 御宿きくち

P 🚻個別 BF対応食

住　所
奥尻町宮津11の6

☎ 01397-2-2755・Fax 01397-2-3400

料　金
シーズンにより異なるので問い合わせを

アクセス
奥尻港から車で5分／奥尻空港から車で35分

ウニたっぷりの鍋

女将の手作り簡易ベッド

・行ってきました‼・

　奥尻島の温かいおもてなしの宿。車いすの人には使いづらかった畳の食堂をフローリングのテーブル席に変え、お風呂に介護用いすを用意したり、手すりを増設したりと、オーナーが少しずつバリアフリー改修を続けてきた。その心意気がうれしい。足りない部分は女将の菊地里子さんが笑顔で手伝ってくれてカバー。部屋は全室和室だが、車いすでも入れるようにカーペットを敷いたり、マットレスを重ねて簡易ベッドにしたりと、工夫を凝らしてバリアフリーにしてくれる。

　感動するのは食事もすごいこと。奥尻の海産物をふんだんに使った刺し身や料理、特に表面を覆うほどたっぷりウニの入った鍋は、ここでしか味わえないだろう。

　車いす用ではないものの、段差がないので、手すりで移動できる程度の人なら介助者がいれば使用できるトイレがある。玄関に置かれた大きなぬいぐるみと、奥尻島のマスコットキャラ「うにまる」のかぶり物で記念撮影するのが宿泊客の定番だ。

温泉ホテル きたひやま

P 🚻WC 🚻 BF対応食
<HK>

※2階客室へは階段のみ／食事対応可（アレルギー・きざみ食・量の調整）／日帰り入浴（10時半〜21時）あり

住　所
せたな町北檜山区徳島4の16

☎ 0137-84-4120・Fax 0137-84-4104

料　金
バリアフリーツイン＝**写真**＝1泊2食付き1人9,940円〜

手すり付きの多彩な浴槽を持つ開放感あふれる大浴場も人気。

大沼国際 交流プラザ

P 🚻🚻WC 🚻
<HK>

住　所
七飯町大沼町85の15

営業時間
8時半〜17時半

☎ 0138-67-2170・Fax 0138-67-2176

料　金
入館無料

大沼公園の観光情報を提供。散策時の休憩にも利用できる。

北島三郎記念館

ガイドさんの解説で北島三郎ワールドへ

住　所
函館市末広町22の11

営業時間
9〜18時

☎0138-26-3600・Fax 0138-24-0111

料　金
大人1,540円、小学生400円（福祉割引あり）

アクセス
市電末広町から徒歩1分／JR函館駅から車で5分／函館空港から車で20分

幸せになりたいから銅像と握手

列車で上京する若き日のサブちゃん

音響と大型セットで迫力のステージをライブ体験

行ってきました!!

　地元のバスガイドさんから教えてもらったスポットだ。北島三郎の生い立ちやエピソードを解説する女性ガイドさんの語り口が独特で、客のテンションも上がる。上京時に乗った列車を再現した一角があり、席に座ってサブちゃんの気分になる。デビュー当時からのレコードジャケットを展示したコーナーは圧巻で、サブちゃんとともに昭和の時代を生きてきた私たちにはたまらない。

　下積み時代の部屋や通ったお店の再現セットもあるが、窓が高くて車いすからは見えないので困っていると、ガイドさんが気づいて写真で説明してくれた。また、車いすの人には段差のない通路を特別に案内してくれる。その配慮に感激！

　迫力満点の巨大サブちゃん人形が登場する「まつり」サプライズショーを楽しんだ後は、握手すると幸運が訪れるという本人の銅像と記念撮影。お土産は18（3×6）個入りの「さぶちゃん饅頭」が名物だ。

函館山ロープウェイ

※ゴンドラは車いすで乗車できる

住　所
函館市元町19の7

営業時間
4/25〜10/15は10〜22時（その他の期間は21時まで）

☎ 0138-23-3105・Fax 0138-27-6820

料　金
往復で中学生以上は1,500円、小人は700円（福祉割引あり）、駐車料金は1時間200円〜

アクセス
市電十字街から徒歩10分

函館の街並みを見下ろす3分間の空中散歩

　標高334㍍の山頂展望台からは海に囲まれた函館市街を見渡せる。名高い夜景を眺めながらの食事も人気だ。土産店も充実している。

レストランで夜景を見ながら食事を

五稜郭

遊ぶ・見る・体験する

五稜郭タワー

住　所
函館市五稜郭町43の9

営業時間
8〜19時（10/21〜4/20は9〜18時）、無休

☎0138-51-4785・Fax0138-32-6390

料　金
大人900円、中高生680円、小学生450円（福祉割引あり）

アクセス
市電五稜郭公園前から徒歩15分

食べる・買う

●五島軒 函館カレー EXPRESS 五稜郭タワー店

<HK>

住　所：函館市五稜郭町43の9
営業時間：11時半〜21時（11〜3月は20時半まで）、無休
☎0138-52-5811（Fax同じ）
料　金：イギリスカレー1,100円
あいがけカレー＝写真＝1,320円など

遊ぶ・見る・体験する

●箱館奉行所

<HK>

※入り口段差あり／車いす使用者対応コースあり

住　所：函館市五稜郭町44の3
営業時間：9〜18時（11〜3月は17時まで）
☎0138-51-2864・Fax0138-51-2548
料　金：一般500円、学生・生徒・児童250円、未就学児は無料（福祉割引あり）

お願いするとガイドが受けられる

●行ってきました!!

　五稜郭タワーは高さ107メートル。展望台から星形の特別史跡五稜郭が大地に輝く姿を見ることができ、函館山や津軽海峡、横津連峰も望める。ガイド（有料）をお願いすると展示を見て回りながら五稜郭の歴史を説明してくれるので、理解と興味が深まること請け合いだ。

　床が強化ガラス製の「シースルーフロア」では、高さに思わず足がすくむ。高所恐怖症の方はご注意を。「函館五稜郭オリジナルコンピューター手相占い」が気になり、車いすでも手が届いたので1回350円で占ってもらいワクワクするひとときを楽しんだ。

　施設内は車いすトイレやエレベーターも完備され、バリアフリーに対応している。土方歳三のブロンズ像も存在感があり、触ってパワーを分けてもらいたくなるほどだ。館内のレストラン、**五島軒　函館カレー EXPRESS 五稜郭タワー店**では明治時代から続く名店五島軒の伝統的なカレーが気軽に味わえる。五稜郭公園には2010年に復元された**箱館奉行所**もあり、ぜひ見ておきたい。

タワーの展望台から見下ろす五稜郭

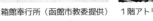
箱館奉行所（函館市教委提供）

1階アトリウムに立つ土方歳三の像

遊ぶ・見る・体験する

旧イギリス領事館

P ♿ <HK>

※入り口・通路段差あり／車いす使用者の2階への移動は人力による持ち上げ

住所
函館市元町33の14

営業時間
9〜19時（11〜3月は17時まで）

☎0138-27-8159（Fax同じ）

料金
大人300円、学生・生徒・児童150円（福祉割引あり）

サポートが必要な場合は事前に相談を。

遊ぶ・見る・体験する

金森赤レンガ倉庫

P ♿ WC <HK>

住所
函館市末広町14の12

営業時間
9時半〜19時

☎0138-27-5530・Fax 0138-22-7737

明治期に建てられた赤レンガ倉庫を利用。47のショップやレストランが集まる。

遊ぶ・見る・体験する

北檜山グリーンパーク

P ♿ WC

※車いすでも介助者と一緒にパークゴルフができる

住所
せたな町北檜山豊岡352の13

営業時間
8時半〜17時半。営業期間は4月上旬〜10月下旬

☎0137-86-0530（管理棟）

料金
1ラウンド中学生以下110円、高校生以上310円、70歳以上110円（1日券もあり）

アクセス
北檜山バスターミナルまたはせたな町役場から車で5分

日本一のロングホールは190㍍！

北海道最大級の広さで、日本一のロングホールがあるパークゴルフ場。園内には森やジョギングコースがあり、自然も満喫できる。

車いすでパークゴルフ体験

遊ぶ・見る・体験する

ピリカ旧石器文化館

P ♿ 音声 WC <HK>

※史跡ピリカ遺跡へは階段のみ／音声ガイド機器の貸し出しあり

住所
今金町美利河228の1

営業時間
9時半〜16時半、月曜休。12〜3月休館

☎0137-83-2477（Fax同じ）

料金
入館無料、体験料別

国指定史跡「ピリカ遺跡」に隣接する博物館で、重要文化財などを展示。石器レプリカ作りなども体験できる。

遊ぶ・見る・体験する

ハートランドフェリー江差支店・カランセ奥尻

P ♿ 案内 WC <牧野>

※車いすでの乗船は車両甲板より係員がエレベーターで案内／点字ブロックは船内一部通路に設置

住所
江差町江差港北埠頭

営業時間
8〜17時、無休（江差支店）

☎0570-02-8010（予約）
☎0570-09-8010（問い合わせ）

料金
2等席片道2,910円、所要時間2時間20分（福祉割引あり）

バリアフリーに対応した快適な江差〜奥尻間の船旅。

美しい海と風の街「せたな」

三本杉海水浴場

P ⅬP WC &

住　所
せたな町瀬棚区三本杉14

営業時間
10〜16時。営業期間は7月中旬〜8月中旬

☎ 0137-84-6205・Fax0137-83-8020
（せたな観光協会）

料　金
清掃協力金としてテント1張り1,000円、タープ1張り500円、温水シャワー3分100円

アクセス
北檜山バスターミナルまたはせたな町役場から車で10分

●奇岩 親子熊岩

住　　所：せたな町大成区長磯

●洋上風車 風海鳥（かざみどり）

住　　所：せたな町瀬棚区、瀬棚港東外防波堤そば

諦めていた海水浴。カニを手に感激に浸る

▶行ってきました‼

　快晴の三本杉海水浴場で、海に入れる車いすに乗って海水浴を楽しんだ。せたな町には座った状態で入れるタイプと、リクライニング式で横になれるタイプがそれぞれ4台ずつあり、無料で借りられる。私はリクライニング式の「ビーチスター」を体験した。砂浜に整備されたスロープを車いすで下って海へ。高校生アルバイトの監視員さんたち数人とかなり沖まで行ったが、車いすごとプカプカ浮いて気持ちいい。「ひっくり返ることはないかしら」と聞くと「僕たちがしっかり守りますから大丈夫です」と返ってきた。なんとも頼もしい！安心して楽しめた。

舗装されたスロープで海に下りる

　浜に戻り、海水浴に来ていた男の子が捕ったカニに触れてみる。子どものころの思い出がよみがえってきた。どこまでも広がる海原を首まで海水に漬かって眺めるなんて、車いすの障がい者になって諦めていたが、また実現できてうれしかった。

　車いす用トイレと障がい者用シャワー室も完備。せたなの海は**親子熊岩**などの奇岩、日本初の洋上風車・**風海鳥**も見どころだ。

潮風に吹かれ、ビーチスターで海を満喫

歴史と文化が残る いにしえの街 「えさし」

遊ぶ・見る・体験する

江差追分会館・江差山車会館

P ♿ 🔊音声 ♿WC 🈁

住　所
江差町中歌町193の3

営業時間
9～17時、無休（11～3月は月曜休・祝日の翌日休）。江差追分実演は4/29～10/31の11、13、15時

☎ 0139-52-0920・Fax 0139-52-5544

料　金
大人500円、小中高生250円（福祉割引あり）

アクセス
ＪＲ新函館北斗駅から車で1時間／ＪＲ木古内駅から車で50分

●開陽丸記念館

P ♿P ♿WC 👤 🈁 🚫 ＜牧野＞

住　所：江差町姥神町1の10
営業時間：9～17時、無休（11～3月は月曜休・祝日の翌日休）

☎ 0139-52-5522・Fax 0139-52-5505
料　金：大人500円、小中高生250円（福祉割引あり）

開陽丸の勇姿

●いにしえ街道

＜牧野＞
※電線が地中化され、写真撮影にも好適
住　所：江差町の津花町～姥神町～中歌町の一帯、約1㌔

本場の江差追分が聴ける百畳敷ホール

江差といえば「歴まち」と「江差追分」。問屋や蔵、町屋など、保存・再現された文化財級の建造物が**並ぶいにしえ街道**を通り、**江差追分会館**へ向かう。江差追分が聴ける百畳敷ホールは車いすでもゆったり入れる。緞帳に描かれた江差屏風絵は目を見張る素晴らしさだ。予約すれば江差追分の歌唱指導が受けられる。併設の**江差山車会館**には姥神大神宮祭典の山車が展示され、お祭りの迫力と歴史に引き込まれる。2階への階段が上がれない場合は代わりに写真などを使って解説してくれるので、スタッフに声をかけてみよう。糸で切って食べる筒状の五勝手屋羊羹など、江差名物の売店も充実している。

戊辰戦争のさなかに江差で沈んだ軍艦開陽丸を引き揚げ、数多くの遺物とともに展示している**開陽丸記念館**もおすすめ。傾斜のきつい通路もあるが、介助者がいれば問題なし。車いすで入れない箇所が一部あるものの十分楽しめる。

祭りの迫力が伝わる江差山車会館

幅広い歩道で車いすでも
安心のいにしえ街道

奥尻島津波館

🅿️♿🚻♿

※車いす使用者対応コースあり

住　所
奥尻町青苗36

営業時間
9〜17時、月曜休（7、8月は無休）。2020年度の開館期間は4/23〜10/31

☎ **01397-3-1811** （Fax 同じ）

料　金
大人520円、小中高生170円（福祉割引あり）

アクセス
奥尻町有バスで奥尻島津波館下車、徒歩1分

被災と復興の様子を再現した多数の模型を展示

シアタールームには車いすスペースもある

行ってきました‼

　1993年7月12日の北海道南西沖地震で多くの人が犠牲になったことを忘れない。その経験と教訓が集約された資料館だ。展示室に一歩足を踏み入れると胸が締め付けられるような、切なく恐ろしい感情がこみ上げてくる。津波の体験を赤裸々に綴った手記が写真とともに通路に沿って並べられていて、つらく悲しい思いが胸に迫る。以前、長崎原爆資料館を訪れたときと似たような感覚だった。

　災害はいつ襲ってくるか分からない。だが、知識と心の準備があることで自分を守れるかもしれない。犠牲になった人たちが命と引き換えに残してくれた教訓を、私たちはしっかりと見つめ、生かしていかなくてはならない。ぜひ多くの人に訪れてもらいたい。ガイドさんもいるので学びながら回れる。館内は多目的トイレ、エレベーター完備でバリアフリー。スタッフの皆さんの対応も優しく温かい。

津波体験の手記が並ぶ回廊

五島軒本店
レストラン雪河亭

HKワークス

🅿️♿♿

※入り口と食事会場までの経路に段差あり／予約はコース料理のみ／サポートは要相談

異国情緒がただよう店内

住　所
函館市末広町4の5

営業時間
11〜21時（11〜3月は20時半まで）、1〜4月中旬は火曜休

☎ 0138-23-1106・Fax 0138-27-5110

料　金
イギリス風ビーフカレー1,430円。コースはランチ3,960円〜・ディナー7,700円〜

アクセス
市電十字街から徒歩3分

　1879年（明治12年）創業の老舗洋食店。140年守り続けた伝統の味が楽しめる。カレーと洋食のセットがおすすめ。

洋食とカレーの両方を味わえるセットも

食べる・買う

函館朝市

住所
函館市若松町9の19

営業時間
5〜14時（1〜4月は6時から）

☎ 0138-22-7981・Fax 0138-22-7936

料金
朝市定食1,300円、函館大漁丼2,430円、
イカ釣り体験500円〜（時価）

アクセス
ＪＲ函館駅から徒歩1分

どんぶり横丁市場で好みの海鮮丼を

観光客に人気の函館名物。鮮度抜群の海鮮丼が味わえる食堂や、旬の魚介類を販売する商店など250店ほどが軒を連ねる。

イカ釣りも体験できる

食べる・買う

ラッキーピエロ 峠下総本店

※入り口にスロープあり

住所
七飯町峠下337の11

営業時間
10〜24時（土曜は25時まで）

☎ 0138-66-6566

料金
チャイニーズチキンバーガー350円（税別）
など

夜はイルミネーションも楽しめるテーマパークレストラン。

食べる・買う

ラッキーピエロ マリーナ末広店

住所
函館市末広町14の17

営業時間
10〜24時（土曜は25時まで）

☎ 0138-27-5000

料金
チャイニーズチキンやきそば510円（税別）
など

人気のベイエリアにある大型店。フードからドリンク、アルコールまでそろった海上レストラン。

食べる・買う

函館 ひかりの屋台 大門横丁

住所
函館巾松風町7の5

営業時間
店舗により異なる

☎ 0138-24-0033・Fax 0138-24-0022
（運営会社のはこだてティーエムオー）

ＪＲ函館駅から徒歩5分。多彩な料理を安くおいしく味わえる。テーブル席があり、車いすで飲食できる店もある。

食べる・買う

はこだてわいん 葡萄館本店

住所
七飯町上藤城11

営業時間
10〜17時半、無休

☎ 0138-65-8170・Fax 0138-65-8249

はこだてわいん直営店。無料試飲や、ワインを使ったスイーツ、ソフトクリームが大人気。

Cafe & Deli MARUSEN

🅿️ ♿🚻

※段差にはスロープを設置してくれる／ビル2階に多目的トイレあり

住　所
函館市大手町5の10ニチロビル1階

営業時間
11〜22時、火曜休

☎ 0138-85-8545・Fax 0138-85-8983

料　金
1人平均ランチ1,300円、ディナー2,000円

アクセス
JR函館駅から徒歩7分／市電市役所前から徒歩3分

店舗は1932年(昭和7年)建築で当時の面影がそのまま残る。歴史を感じながらランチ、カフェ、ディナーが楽しめる。

車いすの人はスロープを出してもらい店内へ

ランチのステーキプレート

いか太郎 2号店

<牧野>
※車いす入店可

住　所
函館市松風町7の1

営業時間
16時半〜24時半、不定休

☎ 0138-83-5500

料　金
飲み放題90分1,500円（税別）

注文に迷うくらい函館のおいしいものがたくさん。

函館カール・レイモン レイモンハウス元町店

🅿️ 🔊<HK>

※入り口・通路・トイレに段差あり／2階展示館へは階段のみ／本社工場にも見学コースあり（階段あり）

住　所
函館市元町30の3

営業時間
9〜18時

☎ 0138-22-4596・Fax 0138-22-0794

料　金
レイモンドッグ＝写真＝378円など。見学無料

ドイツ生まれのマイスターレイモンの技術と函館の風土が作り上げた本格派のハム・ソーセージ。

THE DANSHAKU LOUNGE

🅿️ 🅿️♿🚻 ♿<HK>

※道の駅「なないろ・ななえ」に隣接

住　所
七飯町峠下379の3

営業時間
9〜18時

☎ 0138-82-8888・Fax 0138-82-8889

料　金
大沼牛ハンバーグ＝写真＝1,850円など

男爵イモ生みの親、川田龍吉男爵のミュージアムに併設された地産地消レストラン。

クアプラザピリカ レストラン Rera

🅿️ ♿🚻 🍴個別<HK>　※基本経路に段差あり（入り口に昇降機あり）

住　所
今金町美利河205の1

営業時間
ランチ平日11時半〜14時（土日祝16時まで）、ディナー17時半〜20時、日帰り入浴12〜22時

☎ 0137-83-7111・Fax 0137-83-7163

料　金
ダムカレー＝写真＝1,100円、宿泊2食付き8,060円〜、温泉大人550円

リゾート施設内のレストラン。宿泊・温泉・食事・遊びと四季を通じて楽しめる。

そば処元気屋

P wc BF対応食
※車いすOKの個室あり

住 所
せたな町北檜山区徳島440

営業時間
11〜15時、木金休

☎0137-84-5482（Fax 同じ）

料 金
どのメニューも一律700円

アクセス
ＪＲ長万部駅から車で１時間

玄関は段差なし

名物「元気そば」

温かいゴボウ天そば

玄関前は砂利敷きなので車いすなら介助が必要

行ってきました!!

せたな町の農家長田勉さんが自家製のそば粉で手打ちして作るそば。初めて訪れた時は、玄関に段差があり、トイレの入り口も狭かったが、車いすでも入れるようバリアフリーに改修し、足腰の弱いお年寄りにとっても優しいお店になった。門をくぐるまでは砂利敷きなので車いすなら介助が必要だが、その先から店の玄関までは舗装されている。

何と言ってもそばが最高においしい。冷たいそばなら、十割そばにとろろ芋、カイワレ大根の緑色とのりの香りが食欲をそそる名物「元気そば」。トッピングのうずらの卵とにおわないニンニクの梅肉和えも夏バテに効きそう。温かいそばは人気の「ゴボウ天そば」を注文。サクサクのゴボウ天が思い切り主張しているが、衣が薄めでくどくない。

注文してできあがるまで、運ばれてきた黒豆とそば茶を楽しみながら待つ。この黒豆がふっくらつやつや、甘さ控えめでほっとする味。女将さんや娘さんの優しい対応と人柄にも癒やされること間違いなしだ。

漁師の直売店
浜の母さん食事処

P

住 所
せたな町瀬棚区元浦930

営業時間
10〜16時（変更もあり）、不定休

☎0137-87-3788（Fax 同じ）

料 金
海鮮丼2,100円〜

アクセス
せたな市街から車で10分

直売店、食堂とも車いすで入店OK。店内いけすの魚や貝を刺し身や焼き物で食べられるほか、海鮮丼にして味わうこともできる。

海岸沿いの黄色の建物が目印

道東（十勝・釧路・根室・網走・滝上・知床近郊エリア）

1 北海道の温泉と大自然に触れに知床へ　3泊4日モデルコース

世界遺産の知床をメインに、阿寒や層雲峡を巡る。

1 1日目

9:00 札 幌 出 発
　　　↓250㌔（高速利用）
12:30 足 　 　 寄 道の駅 あしょろ銀河ホール21で昼食①
　　　↓54㌔
15:30 阿 寒 湖 周辺で観光、宿泊
　　　　　　　湖上遊覧・マリモ展示観察センター②

1 2日目

9:00 ホテル出発
　　　↓56㌔
10:30 弟 子 屈 和琴フィールドハウス
　　　　　　　（屈斜路湖）で休憩③
　　　↓52㌔
12:00 小 清 水 周辺で休憩、食事④
　　　↓60㌔
14:00 斜 里 知 床 知床自然センター、知
ウトロ地区 床五湖フィールドハウ
　　　　　　　ス⑤
　　　↓14㌔
18:00 斜 里 知 床 北こぶし知床 ホテル
ウトロ地区 ＆リゾートに宿泊⑥

1 3日目

9:00 ホテル出発
　　　↓450㍍
　　　斜 里 知 床 道の駅 うとろ・シリ
　　　ウトロ地区 エトクで買い物⑦
　　　↓116㌔
12:00 北 　 　 見 ホテル黒部で昼食⑧
　　　↓33㌔
14:30 北 　 　 見 北の大地の水族館
　　　（留辺蘂）（山の水族館）⑨
　　　↓14㌔
18:00 層雲峡温泉 ホテル大雪に宿泊⑩

上川町 ⑬

⑩⑪⑫
層雲峡温泉

大雪山
国立公園

旭川市

滝川市

道央自動車道

スタート
札幌市

12

274

⑤

道東自動車道

⑭
清水町　38

1 4日目

9:00 ホテル出発
　　　↓400㍍
　　　層 雲 峡 大雪山層雲峡・黒岳ロープウェイ⑪、
　　　　　　　銀河・流星の滝、大函⑫
　　　↓31㌔
12:30 上 　 　 川 大雪森のガーデンで昼食⑬
　　　↓187㌔（高速利用）
18:00 札 幌 到 着

⑫

大雪山国立公園
大函
BAKO

2 十勝、阿寒をじっくりと巡る旅 3泊4日モデルコース

十勝の食と自然を楽しみ、ゆったりのんびりと阿寒湖での時間を過ごす。

2 1日目

9:00 札 幌 出発
　　　↓176㌔(高速利用)
11:30 清　　　水 十勝千年の森で昼食、観光⑭
　　　↓42㌔
17:00 士　　　幌 しほろ温泉プラザ緑風で宿泊⑮

オホーツク海

斜里町 334

2 2日目

9:00 ホテル出発
　　　↓37㌔
10:30 足　　　寄 道の駅あしょろ銀河ホール21で休憩①
　　　↓54㌔
12:00 阿 寒 湖 周辺で観光、宿泊
　　　阿寒湖アイヌシアターイコロ、湖上遊覧・マリモ展示観察センター②

2 3日目

9:00 ホテル出発
　　　↓88㌔
10:30 標　　　茶 塘路湖エコミュージアムセンター⑯
　　　↓
12:30 釧　　　路 市内で観光、昼食
　　　幣舞橋、和商市場、釧路フィッシャーマンズワーフMOO⑰
　　　↓122㌔(高速利用)
18:00 帯　　　広 市内で食事、宿泊
　　　北の屋台⑱、森のスパリゾート北海道ホテル⑲

2 4日目

9:00 ホテル出発
　　　↓2㌔
　　　帯　　　広 ばんえい十勝(帯広競馬場)⑳、真鍋庭園㉑
　　　↓6㌔
12:00 幕　　　別 十勝ヒルズで昼食㉒
　　　↓18㌔
14:30 音　　　更 柳月スイートピア・ガーデン㉓
　　　↓196㌔(高速利用)
18:00 札 幌 到 着

道東（十勝・釧路・根室・網走・滝上・知床近郊エリア）

夏は花、冬は流氷を見にオホーツクへ　2泊3日モデルコース

シバザクラで有名な滝上を通り、紋別、網走とオホーツクを満喫。

１日目

9:00　札幌出発
　　　↓241㌔（高速利用）
13:00　滝　　上　香りの里ハーブガーデンで昼食①
　　　　　　　芝ざくら滝上公園②、錦仙峡③
　　　↓35㌔
18:00　紋　　別　ホテルオホーツクパレス紋別で宿泊

２日目

9:00　ホテル出発
　　　↓3㌔
　　　紋　　　別　紋別市海洋公園（とっかりセンター、オホーツクタ
　　　　　　　　ワー、ガリンコ号Ⅱ）で観光④、紋別漁師食堂で昼食⑤
　　　↓51㌔
13:00　サロマ湖　道の駅 サロマ湖で休憩⑥
　　　↓47㌔
　　　能　取　湖　⑦
　　　↓70㌔
14:30　網　　　走　オホーツク流氷館⑧、北海道立北方民族博物館⑨
　　　↓7㌔
18:00　網　　　走　北天の丘あばしり湖鶴雅リゾートで宿泊⑩

３日目

9:00　ホテル出発
　　　↓6㌔
　　　網　　　走　博物館網走監獄⑪
　　　　　　　　オホーツクバザール⑫
　　　↓41㌔
11:30　北　　　見　ホテル黒部で昼食⑬
　　　↓305㌔（高速利用）
18:00　札　幌　到　着

紋別市
滝上町
サロマ湖
能取湖
網走市
北見市
旭川市
札幌市
スタート
道央自動車道
旭川紋別自動車道
273
39

森のスパリゾート 北海道ホテル

住　所	帯広市西 7 南19の 1
☎ 0155-21-0001・Fax 0155-21-0002	

料　金	素泊まり 1 人9,500円（税別）～
アクセス	ＪＲ帯広駅から車で 5 分

緑の中庭を望むテラス付きの部屋が人気

開放感のあるロビーには暖炉もある

帯広市中心部にある老舗リゾートホテル。100年の森に抱かれてくつろぎながら、十勝のおいしい食事やモール温泉を心ゆくまで楽しめる。

ホテル日航ノースランド帯広

住　所	帯広市西 2 南13の 1
☎ 0155-25-2586・Fax 0155-28-3553	

アクセス	ＪＲ帯広駅南口に隣接

※正面エントランスに優先駐車スペースあり／シャワーチェア・浴槽いす・取り付け型手すりあり

広くゆったりと使いやすい客室

手すりや福祉機器が充実したバス・トイレ

十勝圏の玄関口ＪＲ帯広駅に隣接した絶好のロケーション。帯広の豊かな自然と十勝のおいしい食で癒やしのひとときを過ごせる。

十勝川温泉 第一ホテル 豊洲亭・豆陽亭
ほうしゅうてい　とうようてい

住　所	音更町十勝川温泉南12
☎ 0155-46-2231・Fax 0155-46-2238	

料　金	1 人14,500円～
アクセス	ＪＲ帯広駅から車で20分

※食事対応可（きざみ食、量の調整）

客室テラスから十勝川を見渡せる

温泉は美人の湯としても知られる

十勝川河畔の 2 館からなる温泉宿。十勝ならではの食やモール温泉が魅力だ。両館とも露天風呂客室があり、他人を気にせずゆったり入浴できる。

ホテル大平原

[P] [P̂] [♿客室] [🍽️選択] [🍽️個別] [BF対応食]

※食事対応可（アレルギー）／シャワーチェアの貸し出しあり

住　所 ━━━━━━
音更町十勝川温泉南15の1

☎ 0155-46-2121・Fax 0155-46-2624

アクセス ━━━━━
ＪＲ帯広駅から車で15分

バリアフリールームは温泉付き特別和洋室

車いすのまま熱気球に乗れる

お湯はモール温泉。源泉かけ流しの大浴場があり、エステバスが人気だ。十勝産食材の料理もおすすめ。熱気球（車いす可）などアクティビティも充実している。

しほろ温泉 プラザ緑風

[P] [P̂] [♿WC] [👤] [🛁貸切] [🍽️個別] [BF対応食] <HK>

※食事対応可（アレルギー・きざみ食）／日帰り入浴（11〜23時）あり／敷地内にパークゴルフ場あり

住　所 ━━━━━━
士幌町下居辺西2線134

☎ 01564-5-3630・Fax 01564-5-3640

道の駅併設の温泉ホテル。貸し切り風呂にはリフト、シャワーキャリーがある＝写真＝。

国民宿舎 新嵐山荘

[P] [♿] [👤] [BF対応食] <HK>

※大浴場・客室に段差あり／食事対応可（アレルギー）／日帰り入浴（10時半〜21時半）あり

住　所 ━━━━━━
芽室町中美生2線42

☎ 0155-65-2121・Fax 0155-65-2123

料　金 ━━━━━
1泊2食7,150円〜

キャンプ場があり、スキー、パークゴルフも楽しめる。

十勝ナウマン温泉 ホテルアルコ

[P] [P̂] [♿WC] [👤] <HK>

※日帰り入浴（5〜8時、11〜23時）あり

住　所 ━━━━━━
幕別町忠類白銀町384の1

☎ 01558-8-3111・Fax 01558-8-2580

美肌の湯と地産地消にこだわった道の駅併設の温泉宿。

ほっこりお宿 和みの風

[P] [♿WC] [👤] <HK>

※玄関スロープあり／シャワーキャリーの貸し出しあり／電動ベッドあり／経管栄養の人も対応可

住　所 ━━━━━━
清水町人舞289の38

営業時間 ━━━━
土曜日のみ営業

☎ 0156-62-6303

料　金 ━━━━━
朝食プラン7,000円〜

木のぬくもりと香りが旅人を包み込む、看護師夫妻が経営するバリアフリーな宿。

プチホテル ピュア・フィールド風曜日

P P 案内 音声 WC BF対応食 <HK>

※全館バリアフリー／シャワーキャリー貸し出しあり／家族風呂にリフトあり（要予約）

住　所
弟子屈町弟子屈原野419の64
☎ 015-482-7111・Fax 015-482-7777

料　金
ツインルーム（食事なし）9,200円〜

ユニバーサルデザインに特化したプチホテル。ユニバーサル観光情報や町民による旅サポーターの紹介も実施。

屈斜路 プリンスホテル

住　所
弟子屈町屈斜路温泉
☎ 015-484-2111・Fax 015-484-2580

料　金
1泊朝食付き 10,095円〜

P P 案内 WC ハイキング <HK>

※大浴場に段差あり／大浴場は入浴着（体の傷あとをカバー）着用の入浴も可

屈斜路湖に面した温泉リゾートホテル。知床や釧路湿原など周辺観光地への拠点。

ホテル網走湖荘

P P WC 貸切 湯 ハイキング 個別 BF対応食

※シャワーキャリー貸し出しあり／食事対応可（アレルギー・きざみ食）

住　所
網走市呼人78
☎ 0152-48-2311・Fax 0152-48-2828

料　金
8,000〜25,000円（税別）

アクセス
ＪＲ網走駅から車で10分

網走湖を望む貸し切り風呂

「人に優しい地域の宿づくり賞」最優秀賞受賞の老舗ホテル。段差へのスロープ設置やシャワーキャリー貸し出しなど気遣いがうれしい。

車いすにも対応したゆとりの室内

北天の丘あばしり湖 鶴雅リゾート

P P WC 客室 湯 ハイキング 個別 BF対応食

※入り口・大浴場・客室に段差あり／食事対応可（アレルギー・きざみ食・量の調整）

住　所
網走市呼人159
☎ 0152-48-3211・Fax 0152-48-3220

アクセス
ＪＲ網走駅から車で15分／ＪＲ網走駅・呼人駅・女満別空港から無料送迎あり（要予約）

露天風呂付き客室「古の座」

デザインコンセプトは北方民族とオホーツク文化。露天風呂付き客室が自慢のホテル。入り口やトイレに段差のない客室などさまざまな部屋を用意している。

段差のない広々スペースのトイレ

山花温泉リフレ

住 所 釧路市山花14線131

☎ 0154-56-2233・Fax 0154-56-2277

P P車 車WC 風呂 BF対応食

<HK>

※大浴場・客室に段差あり／食事対応可（アレルギー）

バリアフリールームの浴室入り口は車いすの高さに合わせて移乗しやすい設計となっている。

ホテルオホーツクパレス紋別

P P車 車WC 風呂 食事 バイキング <HK>

※客室（風呂・トイレ）に段差あり／トリプルルームがバリアフリー対応

住 所 紋別市幸町5の1の35

☎ 0158-26-3600・Fax 0158-23-2142

料 金 1泊朝食付き 1人5,500円〜

市街地中心部に位置し、ビジネスや観光に便利。レストランでは紋別のご当地メニューも味わえる。

知床時間を過ごす

北こぶし知床
ホテル＆リゾート

HKフークス

P P車 車WC 風呂 シャワー 客室 食事 バイキング BF対応食

※大浴場に段差あり／温泉付きユニバーサルルームあり／シャワーキャリーの貸し出しあり／食事は可能な限り要望に対応

住 所 斜里町ウトロ東172

☎ 0152-24-2021・Fax 0152-24-2839

アクセス JR知床斜里駅前からバスで50分、ウトロ温泉バスターミナルで下車し徒歩5分

北こぶし知床のユニバーサルルームは段差がなく、広い引き戸で浴室への移動も楽

●KIKI知床 ナチュラルリゾート

P P車 車WC シャワー 客室 食事 バイキング BF対応食 <HK>

※大浴場に段差あり／食事は可能な限り要望に対応

住 所：斜里町ウトロ香川192

☎ 0152-24-2104・Fax 0152-24-2426

KIKI知床のダイニングレストラン「ツリーサイドブッフェ」

北こぶし知床のユニバーサルルーム。大きな窓から知床の風景を一望できる

おすすめポイント

雄大な自然と壮大な流氷原、さまざまな野生動物など魅力あふれる世界遺産・知床では、訪れた人それぞれの"知床時間"を楽しめる。

北こぶし知床 ホテル＆リゾートは約60平方㍍、定員3人の広々としたユニバーサルルームを用意。客室風呂は洗い場まで車いすで移動でき、知床の海を眺めながら気兼ねなく

北こぶし知床のフラットで広々としたユニバーサルルーム

天然温泉が楽しめる。お湯は入浴する度に入れ替え可能。夕食はビュッフェ形式か、コース料理を味わえる二つのレストランで。いずれも地元知床の食材をふんだんに使った料理を堪能できる。

KIKI知床 ナチュラルリゾートのユニバーサルツインルームは43平方㍍、定員2人。エレベーターから近く、移動に便利だ。食事はビュッフェ形式で、知床ならではの素材を生かした郷土色豊かなメニューを味わえる。

KIKI知床のユニバーサルツインの浴室。シャワーの高さは調整可

オホーツク温泉ホテル 日の出岬

P LP ♿ WC 貸切 個別 BF対応食

※食事対応可（アレルギー・きざみ食・量の調整）／大浴場内に手すり多数設置／大浴場入り口にスロープあり／日帰り入浴（11～21時半、土日祝は10時から）あり／貸し切り風呂にライナーリフトあり

住 所
雄武町沢木346の3

☎ 0158-85-2626・Fax 0158-85-2020

料 金
2人1室1泊2食付き12,500円～19,500円

アクセス
紋別空港から車で50分

浴室のライナーリフト

温泉は源泉100％。大浴場は車いす使用者も利用できる。バリアフリー設備があり介助しやすいので年配の両親と一緒の宿泊客に好評。

広く、手すり付きで使いやすいトイレ

海山美味の宿 サロマ湖 悠林館

P ♿ WC <HK>

※入り口・客室に段差あり／2階客室へは階段のみ

住 所
佐呂間町浪速118の1

☎ 01587-2-1511・Fax 01587-2-1515

料 金
9,800円（税別）～

いろりと暖炉を配した、オホーツクとサロマの新鮮な山海の幸が味わえる宿。

東横イン 北見駅前

P LP 案内 WC ♿ <HK>

※ユニバーサルデザイン対応の貸し出し品あり（浴室用チェア・滑り止めマット・浴槽内いす・延長コード・点字表記ホテル案内など）

住 所
北見市大通西2の4

☎ 0157-62-1045・Fax 0157-62-1046

ＪＲ北見駅から徒歩2分。部屋内の配置換えなど障がいに合わせた対応あり。

ホテル黒部

P LP ♿ WC <HK>

住 所
北見市北7西1の1

☎ 0157-23-2251・Fax 0157-23-5492

100年以上の歴史を持つ地元に根づいた老舗ホテル。ご当地グルメ「オホーツク北見塩焼きそば」＝写真＝もおいしい。

真鍋庭園

P LP ♿ WC <HK>

※園内は砂利道と芝生がある／車いす使用者対応コースあり（要介助者）

住 所
帯広市稲田町東2の6

営業時間
8時半～17時半（10、11月は時間短縮あり）、12～4月下旬は休園

☎ 0155-48-2120・Fax 0155-48-2169

料 金
大人1,000円、小中学生200円（福祉割引あり）

日本初のコニファー（針葉樹）ガーデン。彩り豊かな木々に包まれる。

遊ぶ・見る・体験する

オベリベリ温泉 水光園

P P ♿ WC 👶

※シャワーキャリーの貸し出しあり（要事前連絡。介助者2、3人が必要）

住　所
帯広市東10南5の6

営業時間
11〜23時

☎ 0155-23-4700（Fax 同じ）

料　金
大人450円、小学生140円、幼児70円

アクセス
ＪＲ帯広駅から車で8分

モール温泉に入れる帯広市内の日帰り入浴施設。シャワーキャリーを利用して介助者と一緒に露天風呂も楽しめる。

快適な露天風呂

遊ぶ・見る・体験する

十勝ヒルズ

P P ♿ WC 👶 🏢
🐕 BF対応 <HK>

※入り口に段差あり／食事対応可（アレルギー）／動力カートの貸し出しあり（有料）／車いす対応コースあり

農と食のテーマパーク。四季折々に咲く花が美しいガーデンに加え、十勝産の食材がおいしいレストランもおすすめ。

住　所
幕別町日新13の5

営業時間
9〜17時（9、10月は16時まで）、ガーデン入園期間は4月下旬〜10月下旬

☎ 0155-56-1111・Fax 0155-56-1117

料　金
大人1,000円、中学生400円、小学生以下無料（福祉割引あり）

遊ぶ・見る・体験する

ガーデンスパ十勝川温泉

P P ♿ WC 👶 🏢
<HK>

※いで湯の磐座に一部段差あり

住　所
音更町十勝川温泉北14の1

営業時間
9〜19時（金土日祝は21時まで）、第2火曜休

☎ 0155-46-2447・Fax 0155-46-2533

料　金
スパ入場料は13歳以上1,500円、4〜12歳600円、3歳以下無料（バスタオル、湯あみ着各1枚レンタル付き）

スパ・マルシェ・体験工房・飲食店が集まる日帰り新拠点。

遊ぶ・見る・体験する

十勝千年の森

P P ♿ WC 👶 <HK>

※通路に段差あり

住　所
清水町羽帯南10線

営業時間
9時半〜16時。営業期間は4/25〜10/18

☎ 0156-63-3000・Fax 0156-63-3031

料　金
高校生以上1,200円、小中学生600円、小学生未満無料（福祉割引あり）

広大な敷地にアースガーデン、メドウガーデンなど四つのガーデンを展開している。

遊ぶ・見る・体験する

ばんえい十勝（帯広競馬場）

P P ♿ WC 👶 🏢
🐎 <HK>

※入り口に段差あり

住　所
帯広市西13南9

営業時間
毎週土日月開催（時間は時期によって異なる）

☎ 0155-34-0825・Fax 0155-58-6100

料　金
入場料は大人100円、15歳未満無料

体重約1㌧のばん馬たちが重いそりを引き、障害を乗り越えて着順を競い合う、世界で唯一の「ばんえい競馬」を開催。

遊ぶ・見る・体験する

道の駅 あしょろ 銀河ホール21

Ｐ Ｐ ＷＣ <HK>

住 所
足寄町北1の1の3

営業時間
9〜18時（10月中旬〜4月は17時まで）

☎ 0156-25-6131・Fax 0156-25-6132

旧ふるさと銀河線の駅舎をリニューアル。名産のラワンブキのお土産も販売している。

遊ぶ・見る・体験する

摩周湖 レストハウス

Ｐ Ｐ ＷＣ <HK>

※駐車場からスロープあり（レストハウス・展望台へ移動可）／急勾配のため介助者がいるとよい

住 所
弟子屈町摩周湖第一展望台

営業時間
9〜17時（季節により異なる）

☎ 015-482-1530・Fax 015-482-1964

料 金
駐車料金は普通車500円、バイク200円（冬季は無料）

眺望が見事な摩周湖第一展望台にあり、休憩におすすめ。

遊ぶ・見る・体験する

砂湯（屈斜路湖）

Ｐ Ｐ ＷＣ <HK>

住 所
弟子屈町屈斜路湖畔砂湯

営業時間
砂湯レストハウスは8〜17時（7、8月は18時まで）

☎ 015-482-2200・Fax 015-482-1877
（摩周湖観光協会）

料 金
無料

掘ると温泉が湧く砂場で、好みのサイズの露天風呂を作れる。

遊ぶ・見る・体験する

和琴半島 （屈斜路湖）

Ｐ Ｐ ＷＣ <HK>

※手話通訳あり（要事前確認）

住 所
弟子屈町屈斜路和琴

営業時間
和琴フィールドハウスは8〜17時（トイレは24時間）。営業期間は4月下旬〜10月

☎ 015-482-2200・Fax 015-482-1877
（摩周湖観光協会）

料 金
無料

湖南側の半島。突端には火山の名残のオヤコツ地獄がある。

遊ぶ・見る・体験する

メジェール ファーム

Ｐ <HK>

※乗馬時にサポートあり

住 所
弟子屈町屈斜路420の1

営業時間
9〜17時

☎ 015-484-2282・Fax 015-484-2132

料 金
1,000〜8,500円（さまざまなプランあり）

障がい者向けの乗馬を学んだインストラクターのもとで乗馬を体験できる。

遊ぶ・見る・体験する

塘路湖エコ ミュージアム センター

Ｐ ＷＣ <HK>

※車いす使用者は施設隣の駐車スペースを利用可（要事前連絡）

住 所
標茶町塘路原野

営業時間
4〜10月は10〜17時（11〜3月は16時まで）、水曜休

☎ 015-487-3003・Fax 015-487-3004

料 金
無料

塘路湖の南岸に立つ、釧路湿原の情報館。

阿寒湖

湖上遊覧・マリモ展示観察センター

※車いす使用者対応コースあり（チュウルイ島内）

住　所
釧路市阿寒町阿寒湖温泉1の5の20

営業時間
6〜18時。営業期間は5〜11月

☎0154-67-2511・Fax 0154-67-2514

料　金
遊覧船一周コースは大人2,000円、子ども1,040円（福祉割引あり）

アクセス
釧路空港から車で1時間

●阿寒湖アイヌシアターイコ□

住　所：釧路市阿寒町阿寒湖温泉4の7の84
営業時間：9〜21時

☎0154-67-2727・Fax 0154-67-2657

料　金：アイヌ古式舞踊は中学生以上1,200円、小学生600円。体験プランは内容により異なる

阿寒湖アイヌシアターイコ□でアイヌ民族の文化に触れる

イコ□ではアイヌ古式舞踊など伝統芸能を鑑賞できる

遊覧船ましゅう丸で阿寒湖を一周

●おすすめポイント

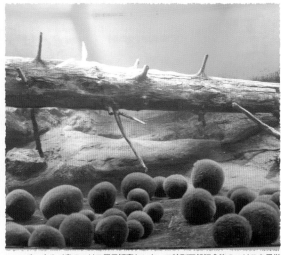
チュウルイ島のマリモ展示観察センターで特別天然記念物のマリモを見学

　阿寒湖は、全域が阿寒摩周国立公園に含まれる、北海道で5番目に大きい淡水湖。道東を代表する観光地で遊覧船が運航されている。車いすのまま乗船し、湖に浮かぶチュウルイ島に上陸して天然記念物のマリモを見学したり、湖の森を散策（車いす対応コースあり）したりできる。

　阿寒湖温泉街にある**阿寒湖アイヌシアターイコ□**は、アイヌ民族の歴史・文化継承と情報発信の拠点で、アイヌ古式舞踊をはじめアイヌ民族の文化に触れられる。温泉街の中心には**阿寒湖まりむ館観光インフォメーションセンター**があり、おすすめのツアーやイベント、施設情報などを案内している。

釧路市湿原展望台

HKワークス

P ♿ WC 👶 ♿
※車いす使用者対応コースあり

建物は湿原の植物ヤチボウズをイメージ

住　所
釧路市北斗6の11

営業時間
4～9月は8時半～18時、10～3月は9～17時

☎ 0154-56-2424（Fax 同じ）

釧路湿原の四季の映像やジオラマなどが展示され、展望室からは雄大な景色を眺められる。1周2.5㌔の木道は湿原散策に最適（一部バリアフリー）。

料　金
大人480円、高校生250円、小中学生120円（福祉割引あり）

アクセス
ＪＲ釧路駅からバスで30分

湿原の動植物を復元して展示している

流氷とアザラシを楽しむ 「オホーツク」

ガリンコ号II（海洋交流館）

HKワークス

P ♿ WC 👶 ♿
※船内に階段あり／乗船時のサポートあり

住　所
紋別市海洋公園

営業時間
完全予約制

☎0158-24-8000・Fax 0158-24-4040

料　金
乗船料は大人3,000円、小人1,500円（夏季はともに半額）、福祉割引あり

アクセス
紋別空港から車で10分／バス停「オホーツクタワー入口」から徒歩10分

●オホーツクタワー

♿ 🚗 ＜HK＞
※交流館～タワー間の送迎あり（車いす対応送迎車あり）
住　所：紋別市海洋公園
営業時間：10～17時
☎0158-24-8000・Fax 0158-24-4040
料　金：大人800円、小学生400円（福祉割引あり）

●とっかりセンター（アザラシランド・シーパラダイス）

P ♿ P 🚗 ＜HK＞
※アザラシランドは車いすも入場できるゲートあり（要連絡）
住　所：紋別市海洋公園
営業時間：10～16時
☎0158-24-8000・Fax 0158-24-4040
料　金：アザラシランドは大人200円、小中高生100円　シーパラダイスは大人500円、小中高生300円

流氷を砕きながら進むガリンコ号II

紋別市海洋公園には流氷砕氷船**ガリンコ号II**、世界初の氷海海中展望塔**オホーツクタワー**、国内唯一のアザラシ保護施設**アザラシランド**、アザラシの餌やり体験ができる**シーパラダイス**などさまざまな施設が集結している。

ガリンコ号IIには階段があるが、乗船時にサポートがあるので車いす使用者でも流氷見物を楽しめる。発着所の海洋交流館には車いす使用者用のトイレがある。

流氷見物も楽しいオホーツクタワー

シーパラダイス内は車いすが自走でき、自由に見学できる。アザラシランドは車いす専用ゲートでの入場となるが、施設内はスロープが設置され移動しやすいよう配慮されている。

アザラシランドは係員による1日5回の餌やりショーが人気

海洋交流館にはラーメン店や売店もある

花と香りの里「たきのうえ」

遊ぶ・見る・体験する

芝ざくら滝上公園

🅿🅿♿🚾♿

住　所
滝上町元町

営業時間
芝ざくらまつり期間中（5月上旬～6月上旬）
は8～18時、無休

☎ **0158-29-2730** ・ Fax **0158-29-2306**
（滝上観光協会）

料　金
大人500円、小人250円（開花期間中）

アクセス
旭川紋別道・浮島インターチェンジから車で50分

●滝上渓谷 錦仙峡
（きんせんきょう）

🅿♿🚾 ＜牧野＞

住　所：滝上町元町
営業時間：9～17時

☎ **0158-29-2730** ・ Fax **0158-29-2306**
（滝上観光協会）
料　金：地元ネイチャーガイドは1時間1,000
　　　　円（2人より案内可）

●陽殖園

🅿 ＜HK＞

住　所：滝上町あけぼの町
営業時間：10～17時、木曜休（開園期間は4月下
　　　　　旬～9月下旬。2021年度から火～木休）

☎ **0158-29-2391**
料　金：高校生以上1,000円、中学生以下無料。
　　　　園主によるガイドツアーは高校生以上
　　　　2,000円、中学生以下無料（ツアーは
　　　　日曜のみ。8時20分集合）

●香りの里ハーブガーデン

🅿♿🚾 ＜牧野＞

住　所：滝上町元町
営業時間：開園は5～10月。9時半～16時半（10
　　　　　月は16時まで）、香りの里ハーブガー
　　　　　デンは無休、フレグランスハウスは芝
　　　　　ざくらまつり期間を除き火曜休

☎ **0158-29-3400** （Fax同じ）
料　金：無料（各体験は有料）

フレグランスハウスで
ハーブ石けん作り

一面ピンク色でいい香りに包まれる公園

▶行ってきました!!

　ピンクのじゅうたんのように広がるシバザクラを眺めながら園内に入ると、スタッフが笑顔で迎えてくれる。車いすから園内遊覧用の電気自動車ネイクルに移乗。シートベルトをしているし、揺れもな

傾斜路が続くので散策は介助者と一緒に

く、スタッフが同乗するので安心して利用できた。花びらが6枚の花を見つけるといいことがあるらしい。

　公園から車で3分程度の**滝上渓谷錦仙峡**は、自然に囲まれた癒やしのスポット。ネイチャーガイドさんの案内で視覚障がいの人や車いすの人も楽しめる。**陽殖園**（公園から2.8㌔）も

視覚障がい、車いすの人も自然を楽しめる

おすすめ。未舗装、急勾配で車いすは厳しいが、園主の高橋武市氏が農薬を使わず、1人で半世紀以上手をかけてきた花園だ。**香りの里ハーブガーデン**は公園から車で3分。園内のフレグランスハウスでハーブ石けん作りを楽しんだ。ランチのハンバーグとバジルのパンは美味。テーブルといすは可動式なので車いすでも入れる。

陽殖園では園主自ら庭をガイドしてくれる

歴史・文化・景色を楽しむ「あばしり」

遊ぶ・見る・体験する

博物館網走監獄

P ♿ WC ♿ ✏

住　所
網走市呼人１の１

営業時間
８時半〜18時（10〜４月は９〜17時）

☎ 0152-45-2411・Fax 0152-45-2338

料　金
大人1,100円、高校・大学生770円、小中学生550円（福祉割引あり）

アクセス
ＪＲ網走駅からバスで10分、車で７分

●北海道立北方民族博物館

P ♿ WC ♿ 🔊 音声 ＜牧野＞

住　　所：網走市潮見 309 の１
営業時間：９〜17時(10〜６月は９時半〜16時半)、
　　　　　月曜休（７〜９月、２月は無休）

☎ 0152-45-3888・Fax 0152-45-3889

料　　金：一般 550 円、高校・大学生 200 円、小
　　　　　中学生・65 歳以上無料（福祉割引あり）

ずらりと並んだ北方民族の衣服が目を引く

●オホーツク流氷館

P ♿ WC ♿ ✏ ＜牧野＞

※車いす利用者対応コースあり

住　　所：網走市天都山 244 の３
営業時間：８時半〜18時(11〜４月は９〜16時半)、
　　　　　無休

☎ 0152-43-5951・Fax 0152-45-1430

料　　金：大人 770 円、高校生 660 円、小中学生
　　　　　550 円（福祉割引あり）

看守が立つ「監獄」の入り口

行ってきました!!

歴史と技術を感じる舎房

明治期を中心に使われた旧網走刑務所の建物を保存、公開し、開拓を担った囚人たちの歴史を伝える博物館だ。舎房や中央見張り所は現存する木造の刑務所建築では日本最古。中央見張り所から見渡せるよう舎房を放射状に配置するなど建築には工夫が凝らされていて、当時の技術に感心した。

「典獄は語る」コーナーの映像

広い施設はバリアフリーでスロープや手すりも設置。食堂では「監獄食」として、現在の網走刑務所で提供されている昼食が食べられる。映像で再現された典獄（当時の刑務所長）が監獄の歴史を解説するコーナーもある。監獄ならではのお土産も面白い。

　近隣にはアイヌ民族をはじめ北方民族の文化や歴史を展示した**道立北方民族博物館**と極寒の室内で流氷に触れる体験ができ、クリオネも見られる**オホーツク流氷館**がある。流氷ソフトがほんのり塩味で美味。

お土産に差し入れ羊羹

オホーツク流氷館。展望台からは湖と街並み、
オホーツク海が織りなすパノラマが広がる

活汲（かっくみ）アール・ブリュット美術館

P 🅿 ♿ WC

住　所
津別町活汲280の8

営業時間
10〜16時、6〜8月の金〜日開館

☎090-8428-1417

料　金
18歳以上300円

アクセス
JR網走駅から車で45分

黒い壁と色彩豊かな作品の対比が印象的な館内

カフェの前で
オーナーご夫妻と

併設のガーデンも魅力的

●行ってきました!!

　一級建築士でオーナーの岡久実さんが自身で設計して造った美術館で、併設のイングリッシュガーデンとともに、津別町の隠れたすてきなスポットだ。

　「アール・ブリュット」（生の芸術）とは、正規の芸術教育を受けていない人が生み出すアートのこと。この美術館は障がいのある人の作品を常時入れ替えながら展示している。多くの人に見てもらうことで障がい者への理解を深め、全ての人がお互いを尊重し合う「共生社会」を実現するのが目的という。展示作品からは、ほとばしるようなみずみずしい才能を感じ取ることができる。

　ガーデンはセンスが良く、手入れも行き届いていて、日々のストレスで疲れた心が癒やされる。敷地内のカフェで食べられるビーフカレーとサラダは本当においしくてびっくり。盛り付けにもオーナーご夫妻の心がこもる。静かな口調で知識豊富なオーナーとの語らいも楽しい。館内は多少の段差こそあるが、優しくお手伝いしてくれるので安心。車いす対応のトイレもある。

道の駅 サロマ湖

P 🅿 ♿ WC ♿ <HK>

住　所
佐呂間町浪速121の3

営業時間
9〜18時（11〜3月は17時まで）

☎01587-5-2828・Fax 01587-5-2888

料　金
サロマ豚丼600円など

サロマ湖岸のほぼ中央にあり、名産品を各種取りそろえる。ドッグラン完備。

能取湖（のとろ）（サンゴ草群落地）

P ♿ WC <HK>

住　所
網走市卯原内60の18

☎0152-47-2301
（能取の宿 かがり屋内 卯原内観光協会）

※基本経路に段差あり／木製遊歩道により車いすで散策できるコースあり

秋になると能取湖南岸が真っ赤なじゅうたんのように色づいたサンゴ草で覆われる。

遊ぶ・見る・体験する

かみゆうべつ チューリップ公園

🅿♿♿🚻👶👶 <HK>

※園内周遊の電動バスあり（有料）

住 所
湧別町上湧別屯田市街地358の1

営業時間
8〜18時（5〜6月の開花時）

☎ 01586-8-7356

料 金
高校生以上600円、小中学生300円、幼児無料

約200品種70万本が咲き誇る。広い園路は車いすで散策可。

遊ぶ・見る・体験する

北の大地の 水族館(山の水族館)

🅿♿♿🚻👶👶 <HK>

※道の駅「おんねゆ温泉」に併設

住 所
北見市留辺蘂町松山1の4

営業時間
8時半〜17時（11〜3月は9〜16時半）

☎ 0157-45-2223・Fax 0157-45-3374

料 金
一般670円、中学生440円、小学生300円（福祉割引あり）

水面が氷で覆われる世界初の結氷水槽＝写真＝などユニークな展示が人気の水族館。

遊ぶ・見る・体験する

知床五湖 フィールドハウス

🅿♿♿🚻👶👶 <HK>

※車いす使用者対応コースあり(高架木道)

住 所
斜里町遠音別村549

営業時間
7時半〜18時半（季節変動あり）。営業は4月下旬〜11月上旬

☎ 0152-24-3323・Fax 0152-24-2022

料 金
駐車場500円／地上遊歩道利用料250円（5/10〜7/31はツアー利用のみ。料金はガイド会社により異なる）

高架木道や地上遊歩道で湖を散策できる。

遊ぶ・見る・体験する

知床自然 センター

🅿♿♿🚻👶👶 <HK>

住 所
斜里町遠音別村岩宇別531

営業時間
4/20〜10/20は8〜17時半（その他の期間は9〜16時）

☎ 0152-24-2114・Fax 0152-24-2115

料 金
入館無料、KINETOKOの鑑賞料金は上映作品により異なる（福祉割引あり）

知床の国際ビジターセンター。迫力の映像と音で大自然を体感できる「KINETOKO」も人気だ。

食べる・買う

柳月スイートピア・ガーデン

HKフラッグ

🅿♿♿🚻

※工場見学はエレベーター利用可

住 所
音更町下音更北9線西18の2

営業時間
店舗9〜18時（喫茶は17時、工場見学は16時まで）、冬季短縮あり。体験コースは10時から

☎ 0155-32-3366

料 金
三方六1本680円〜、濃厚ガーデンプリン380円、十勝きなごろもソフト390円(テイクアウト料金)など

アクセス
道東道・音更帯広インターチェンジから車で3分／JR帯広駅から車で15分

見学通路はバリアフリー

お菓子の里・十勝を満喫できる楽しい施設。

三方六のチョコがけ工程

人気の三方六

車いすで工場を見学でき、3階見学通路からは柳月を代表する「三方六」の製造工程を見られる。

北の屋台

<HK>
※入り口・通路に段差あり／通路の狭い場所あり

住 所
帯広市西1南10の7

営業時間
18〜24時、定休日は店舗により異なる

☎ 0155-23-8194・Fax 0155-23-8193

料 金
1人平均2,500円〜

市内中心部に20店舗が軒を連ねる。十勝産食材を使ったメニューが豊富。

十勝豚肉工房 ゆうたく

<牧野>

住 所
帯広市東2南12の2

営業時間
11〜15時・17〜20時、水曜休

☎ 0155-27-8060

料 金
豚丼820円、ろーすかつ定食920円など

精肉店の経営で豚丼をはじめ豚肉料理が最高においしい。接客も優しい。

十勝トテッポ工房

<牧野>

住 所
帯広市西6南17の3の1

営業時間
10〜18時、不定休

☎ 0155-21-0101・Fax 0155-24-0707

料 金
ナチュラルチーズケーキ北海道フロマージュ8個入り1,200円（税別）〜

おいしいお菓子だけでなく、カフェから見えるガーデンも素晴らしい。

高橋まんじゅう屋

<牧野>
※介助者がいれば車いすでテーブル席まで移動可

住 所
帯広市東1南5の19の4

営業時間
9〜18時、水曜休

☎ 0155-23-1421・Fax 0155-23-9820

料 金
大判焼1個120円（あん、チーズとも）など

創業1954年。安心安全な地元食材で作る大判焼が人気の老舗店。

釧路フィッシャーマンズワーフ MOO

<HK>

住 所
釧路市錦町2の4

営業時間
10〜19時（7、8月は9時から）

☎ 0154-23-0600・Fax 0154-25-2885

料 金
釧路名物さんまんま＝**写真**＝690円など（漁獲状況により変動あり）

釧路のランドマークである複合商業施設。新鮮な魚介や加工品、スイーツなど釧路土産を買える店がそろう。

丹頂が見える店 どれみふぁ空

<HK>
※1階はバリアフリーで窓からタンチョウが見える

住 所
鶴居村雪裡原野北4の17の18

営業時間
8時半〜17時、火曜休

☎ 0154-64-3987（Fax 同じ）

料 金
丹頂カレー1,290円など

ハーブ料理が自慢のカフェレストラン。おすすめはグリーンカレーがベースの丹頂カレー＝**写真**＝。

食べる・買う

釧路和商市場

HKワークス

※通路幅が広く車いすでの移動もスムーズ

住 所
釧路市黒金町13の25

営業時間
8～18時（1～3月は17時まで）、日曜休（営業する日もあり）

☎ 0154-22-3226・Fax 0154-22-5412

アクセス
ＪＲ釧路駅から徒歩5分

北海道三大市場の一つで釧路市民の台所。名物「勝手丼」は好みの量のご飯とネタを選んで自分だけのオリジナル丼が作れる。

名物「勝手丼」をぜひ！

食べる・買う

紋別漁師食堂

<K>
※洋式トイレあり

住 所
紋別市新生40の55

営業時間
11～17時、不定休（要確認）

☎ 0158-28-9431・Fax 0158-24-9435

料 金
イートインメニューは1,100～3,100円、紋別流氷まかない丼＝写真＝は2,090円

水産加工場直営ならではの鮮度抜群の海鮮丼が食べられる。

食べる・買う

オホーツクバザール

<HK>
※食事対応可（アレルギー）／2階レストランへは階段昇降機あり

住 所
網走市大曲1の14の19

営業時間
8～17時、レストラン10～16時

☎ 0152-44-3005・Fax 0152-44-2448

料 金
海鮮丼2,365円、いくら丼2,420円、特選オホーツク丼3,520円など

1階は網走産の海産物と銘菓を販売＝写真＝。2階レストランでは海鮮丼を味わえる。

食べる・買う

道の駅
うとろ・シリエトク

住 所
斜里町ウトロ西186の8

営業時間
8時半～18時半(11～4月は9～17時)

☎ 0152-22-5000・Fax 0152-24-2082

アクセス
国道334号沿い、ＪＲ知床斜里駅から車で50分

漁師の作業場である番屋風の建物が特徴。知床の特産物が豊富で、レストランの本格海鮮料理のほか、こけももソフトクリームやエゾシカバーガーが人気。

館内の特産物コーナー

花のある風景 富良野・美瑛の旅路 日帰りモデルコース

富良野のラベンダーや美瑛の花咲く丘など美しい景色を楽しむコース。

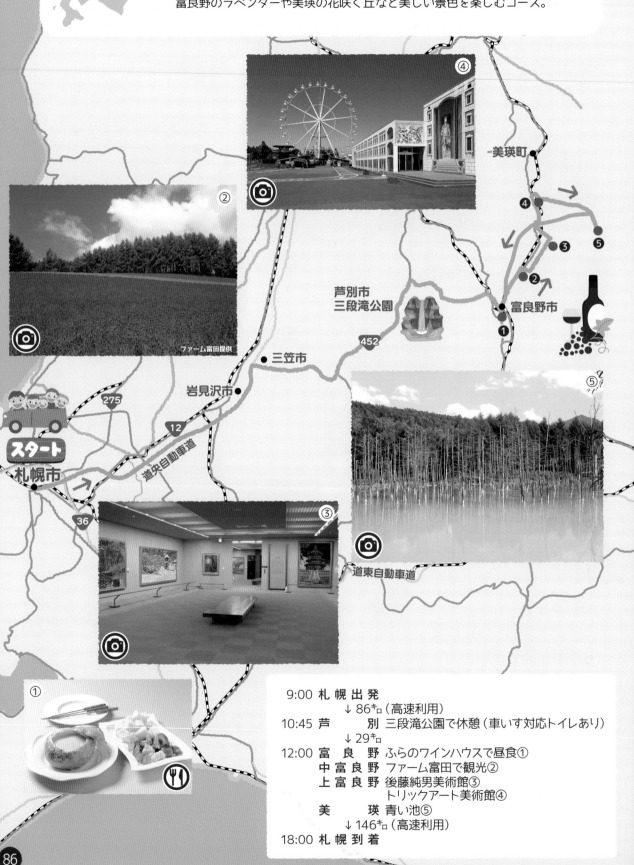

ファーム富田提供

芦別市
三段滝公園

452

三笠市

岩見沢市

275

12

道央自動車道

スタート

札幌市

36

道東自動車道

美瑛町

富良野市

9:00	札幌出発	
	↓86㌔(高速利用)	
10:45	芦別	三段滝公園で休憩(車いす対応トイレあり)
	↓29㌔	
12:00	富良野	ふらのワインハウスで昼食①
	中富良野	ファーム富田で観光②
	上富良野	後藤純男美術館③
		トリックアート美術館④
	美瑛	青い池⑤
	↓146㌔(高速利用)	
18:00	札幌到着	

道北(富良野・美瑛・旭川・層雲峡近郊エリア)

親子3世代、見て食べて体験の旅 1泊2日モデルコース

旭川・富良野・美瑛の観光とグルメを、おじいちゃん、おばあちゃん、家族みんなで楽しめるゆったり旅。

①日目

9:00 札 幌 出 発
　　　↓142㌔（高速利用）
12:00 旭　　　川 あさひかわラーメン村で昼食①、旭川市旭山動物園②
　　　↓17㌔
17:00 東 神 楽 森のゆ ホテル花神楽で宿泊③

②日目

9:00 ホテル出発
　　　↓43㌔
10:00 富良野周辺 ファーム富田で観光④
　　　　　　　ふらのワインハウスで昼食⑤
　　　↓30㌔
14:00 芦　　　別 大橋さくらんぼ園⑥
　　　↓118㌔（高速利用）
18:30 札 幌 到 着

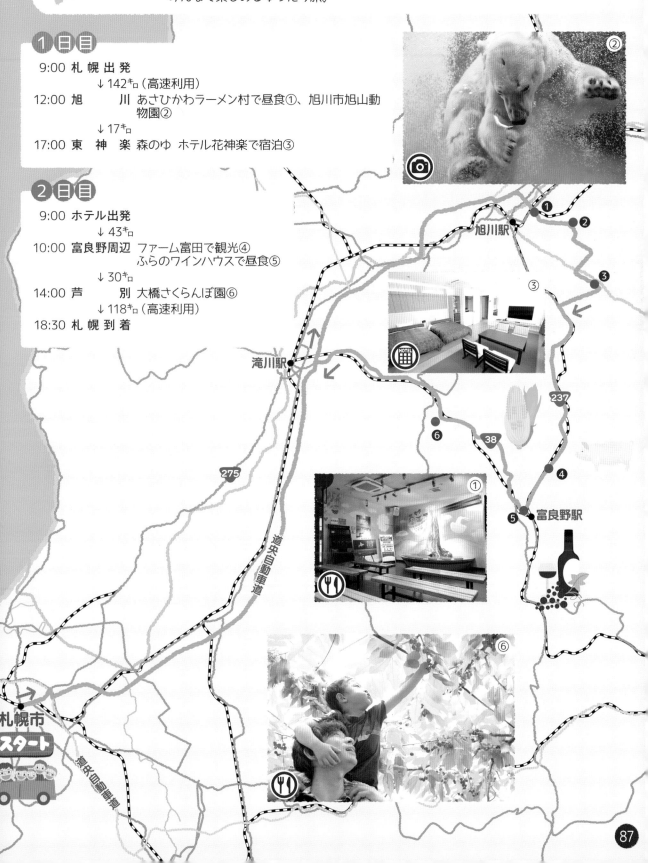

ホテル大雪

HKワークス

P WC （車客室）（貸切）ハイキング（個別）BF対応食

※大浴場に段差あり／大浴場の貸し切り対応可

住　所
上川町層雲峡
☎ 01658-5-3211・Fax 01658-5-3420

料　金
1泊2食10,000円〜

アクセス
ＪＲ旭川駅からバスで1時間50分／ＪＲ上川駅からバスで30分

層雲峡の温泉宿。館内は一部を除いて段差がなく移動しやすい。展望露天風呂付きのバリアフリー対応ルームがある。

露天風呂付き客室の一つ「雪花」

露天風呂から絶景が広がる

森のゆ ホテル花神楽

P P WC （車客室）（貸切）BF対応食

※客室・大浴場に段差あり／食事対応可（アレルギー・きざみ食・量の調整）／日帰り入浴（10〜22時）あり

住　所
東神楽町25
☎ 0166-83-3800・Fax 0166-83-7755

アクセス
ＪＲ旭川駅から車で40分／旭川空港から車で15分

昼は大雪連峰、夜は満天の星を望める森の温泉宿。貸し切り風呂は露天風呂もある広めなつくり。車いすのまま入れる電動リフトがある。

露天風呂・電動リフトがある貸し切り風呂

くつろぎと機能美にこだわった和洋室

ハイランドふらの

P P WC （車客室）（貸切）ハイキング（個別）BF対応食

※シャワーキャリーの貸し出しあり／食事対応可（アレルギー・きざみ食・量の調整）／電動リクライニングベッドあり／日帰り入浴（6〜23時）あり

住　所
富良野市島ノ下
☎ 0167-22-5700・Fax 0167-22-5704

料　金
2食付き9,130円〜

アクセス
ＪＲ富良野駅から車で15分

四季折々の景色が楽しめる富良野の天然温泉宿。大浴場は各浴槽に手すり付き。貸し切り風呂はシャワーキャリーを使って入浴を楽しめる。

シャワーキャリーが使える貸し切り風呂

バリアフリールーム

泊まる

ホテル クレッセント旭川

住 所
旭川市 5 の 8

☎ 0166-27-1111・Fax 0166-29-2222

🅿️♿🛁🍴 <HK>

※客室と大浴場に段差あり／車いすレンタルあり（要予約）

旭川駅より徒歩 10 分。観光、ビジネスの拠点として絶好の立地を誇るホテル。

泊まる

富良野 ナチュラクス ホテル

住 所
富良野市朝日町 1 の 35

☎ 0167-22-1777・Fax 0167-23-1070

料 金
素泊まり 1 人 9,630円~

🅿️♿🚻🛁🍴 <HK>

※駐車場の案内あり／シャワーチェアの貸し出しあり

富良野駅より徒歩 1 分。ナチュラルとリラックスをコンセプトにしたおしゃれな宿。

泊まる

芦別温泉スターライトホテル

HKクラス

🅿️♿🚻🛁🍴 BF対応食

※基本経路に段差あり／食事対応可（アレルギー・きざみ食）＝バイキング時を除く＝／日帰り入浴（6 ～ 22 時）あり

住 所
芦別市旭町油谷 1

☎ 0124-23-1155・Fax 0124-23-0990

アクセス
ＪＲ芦別駅から車で15分

段差がなくゆとりのある客室

自然に囲まれた客室は安らぎの空間。星空・炭鉱・森がコンセプトの「おふろcafé 星遊館」では温泉に加え

手すりを備えた広いバスルーム

コーヒー、コミック・雑誌などカフェ感覚で楽しめる。

遊ぶ・見る・体験する

三浦綾子 記念文学館

🅿️♿🚻

住 所
旭川市神楽 7 の 8 の 2 の 15

営業時間
9～17時、無休（11～5月は月曜休）

☎ 0166-69-2626・Fax 0166-69-2611

料 金
大人700円、学生300円、小中高生無料（福祉割引あり）

アクセス
ＪＲ旭川駅から徒歩20分、車で3分

木々の間に静かにたたずむ文学館

作家三浦綾子にまつわる多彩な展示から「いかに生きるべきか」というメッセージを感じる。小説『氷点』の舞台となった見本林に囲まれた癒やしの立地。

館内のカフェコーナー

旭川市旭山動物園

住　所
旭川市東旭川町倉沼

営業時間
9時半～17時15分（4/29～10/15）、9時半～16時半（10/16～11/3）、10時半～15時半（11/11～4/7）、定休日は4/8～4/28、11/4～11/10、12/30～1/1（2020年度）

☎0166-36-1104・Fax 0166-36-1406

料　金
高校生以上1,000円、中学生以下無料（福祉割引あり）

アクセス
JR旭川駅からバスで40分

冬の定番イベント「ペンギンの散歩」

おすすめポイント

1967年に開園した日本最北の動物園。動物の本来の能力や習性を引き出す行動展示を全国の動物園に先駆けて取り入れ、自然に近い環境の中で生き生きと暮らす動物たちを見ることができる。自然の地形を生かした施設で急勾配の坂道があるため、展示施設にエレベーターを設置するなど、車いす使用者も安心して楽しむことができる。

さまざまな角度から動物を観察できる「もうじゅう館」

15㌶の園内には100種以上、650を数える動物がいる

「ほっきょくぐま館」では豪快な飛び込みや泳ぐ姿が見られる

井上靖記念館

\<HK\>

住　所
旭川市春光5の7

営業時間
9～17時、月曜休

☎0166-51-1188・Fax 0166-52-1740

料　金
一般300円、高校生150円、中学生以下無料（福祉割引あり）

旭川生まれの作家井上靖の記念館。東京にあった自宅の書斎・応接間を移転し、実際に使っていた家具などを展示。

上野ファーム

\<HK\>

※入り口・通路に段差あり／車いす使用者対応コースあり（園内1周可）

住　所
旭川市永山町16の186

営業時間
10～17時（営業期間は4/18～10/18）

☎0166-47-8741・Fax 0166-47-8731

料　金
大人1,000円、小学生以下無料

四季折々に咲く2,000種類以上の宿根草を中心にした庭が、訪れる人を楽しませる。

北鎮記念館

住　　所
旭川市春光町国有無番地

営業時間
9〜17時（11〜3月は9時半〜16時）、月曜休

☎ **0166-51-6111**（旭川駐屯地／Fax同じ）

料　　金
入館無料

アクセス
ＪＲ旭川駅から車で10分

職員の解説で理解が深まる

車いすの人はエレベーターを案内してもらい2階へ

行ってきました‼

旭川市春光町に旧陸軍第七師団司令部が置かれたのは1901年（明治34年）のこと。現在は陸上自衛隊第2師団が駐屯する。敷地内にある北鎮記念館は、屯田兵や第七師団の歴史が分かる資料を展示している。自衛隊職員が常駐し、展示について丁寧に解説してくれ、質問にも気持ちよく答えてくれる。

階段を上れない人はエレベーターを案内してもらって2階へ。所狭しと並べられた武器や衣類、生活用品を見ながら解説を聞くと興味が増しし、理解も深まる。ここから戦地に赴いて、傷つき、亡くなった人たちのことを知り、戦争を繰り返してはならないと強く思った。若い人たちにも見てもらい、防衛に対する認識と理解を深める場としてほしい。

多目的トイレにはベビーシートもあり、車いす使用者用駐車場も設けられている。国道40号を挟んで向かいには北海道護国神社がある。

軍服や写真など戦争中の記録を約2,500点展示

男山酒造り資料館

※2、3階の展示室への移動は階段のみ

住　　所
旭川市永山2の7の1の33

営業時間
9〜17時

☎ 0166-47-7080・Fax 0166-48-1980

料　　金
見学無料

清酒「男山」350年の歴史とともに、酒造り文化を伝える資料館。1階に売店・試飲コーナーがある。

青い池

※売店あり

住　　所
美瑛町白金

営業時間
駐車場7〜19時（11〜4月は8〜21時半）

☎ 0166-94-3355（道の駅びえい「白金ビルケ」）

料　　金
駐車場：二輪車100円、自動車500円
売店：青い池ソフト500円など

青い水面と立ち枯れたカラマツの幻想的な風景が広がる人気スポット。

プロヴァンスのラベンダー
歴史を受け継ぐ農場

※写真は全てファーム富田提供

遊ぶ・見る・体験する

ファーム富田

※園内に段差あり／売店入り口にスロープあり

住　所
中富良野町基線北15号

営業時間
9〜17時（時期により異なる）

☎0167-39-3939・Fax 0167-39-3111

料　金
入園無料

アクセス
ＪＲ中富良野駅から徒歩25分／ＪＲラベンダー畑駅（夏季のみ）から徒歩7分

●ファーム富田 ラベンダーイースト

<HK>
※売店入り口にスロープあり

住　所：上富良野町東6線北16
営業時間：7月のみ開園、9〜16時半（開園日は年により変動あり）

☎0167-39-3939・Fax0167-39-3111
（ファーム富田）

料　金：入園無料。ラベンダーバス＝写真＝は中学生以上200円、4歳〜小学生100円

● おすすめポイント ●

富良野を代表するラベンダー観光農園。1990年のフランスのフェスティバルにおいてラベンダー栽培の功労者に贈られる称号「オートプロヴァンス・ラベンダー修道騎士」を受章。

ゆるやかな丘を彩る七色の花々

12の花畑では春から秋にかけて100種類以上の花が咲き、冬も温室でラベンダーを見られる。広い園内には車いす対応トイレが複数あり、車いすで散策できるコースやラベンダー製品を買える売店にはスロープが設けられている。カフェでゆっくり時間を過ごすのもいい。

ファーム富田ラベンダーイーストは、ファーム富田から東へ4㌔離れた場所にあり、ラベンダーの時期のみ開園。ラベンダーオイル生産用の畑は14㌶ほどの敷地に約9万株を栽培しており、

ラベンダーバスに乗って園内を回れる。売店の入り口にはスロープがあり、車いす使用者も買い物しやすい。

売店ではオリジナル商品を販売

遊ぶ・見る・体験する

後藤純男美術館・レストランふらのグリル

<HK>
※音声機器貸し出しあり／食事対応は要問い合わせ

住　所
上富良野町東4線北26号

営業時間
9〜17時（11〜3月は16時まで）

☎0167-45-6181・Fax 0167-45-6271

料　金
大人1,100円、小中高生550円（福祉割引あり）、ふらのハンバーグ＝写真＝1,419円など

日本画家後藤純男のアトリエ兼美術館、レストラン併設。

遊ぶ・見る・体験する

大雪
森のガーデン

<HK>
※園内に段差あり（一部スロープや舗装で車いす使用者に対応）

住　所
上川町菊水841の8

営業時間
9〜17時（季節により変動あり）、営業期間は4月下旬〜10月中旬

☎01658-2-4655（Fax 同じ）

料　金
800円（中学生以下無料）、ガーデン年間パスポート1,500円

大雪山連峰を望む高原に色彩豊かな草花が咲き誇る。

トリックアート美術館

🅿️ 📶 ♿ 🚻 ♿ 🚶

※筆談対応可

住　所
上富良野町西 8 線北33号深山峠

営業時間
9 ～17時（ 6 ～ 8 月は18時まで）、無休。12～ 3 月は休館

☎ 0167-45-6667・Fax 0167-45-6669

料　金
入館料は大人1,300円、中高生1,000円、小学 5 年生以上700円（福祉割引あり）

アクセス
札幌から車で 3 時間／富良野から車で30分

絵に貼られた紙を思わずはがしたくなるが…

段差にひじをついて考え事をしているフリ

魚も目玉焼きも象も絵から飛び出してきそう

行ってきました!!

大雪山連峰が見渡せる深山峠にあり、大人から子どもまで楽しめる施設だ。展示しているトリックアート（だまし絵）は定期的に入れ替えるので何度行っても違う感動がある。

何より素晴らしいのは障がいのある人も楽しめるよう、スタッフが最適な方法を考えて対応しているところだ。事前に連絡すれば、視覚障がいの子どものために模型を準備したり、言葉だけでイメージが伝わるように表現を工夫してくれたりする。障がいのある子どもが興奮して大きな声を出すなどしたときは、周りのお客さんに心配いらないことを伝えたり、車いすのお客さんに目線を合わせて対応したりするなど、心のバリアフリーにあふれていて、たくさんの人におすすめしたいスポットだ。

展示作品は手で触れられ、トリックアートの世界に溶け込んで写真撮影もできる。トイレのスペースは広いが、床のボタンで流すタイプだ。足の不自由な人はスタッフに声を掛けると手伝ってくれる。

大雪山層雲峡・黒岳ロープウェイ

HKロープス

🅿️ 📶 ♿

※入り口・乗降時など段差あり／乗降時のサポートあり／車いすのまま乗車可

住　所
上川町層雲挟

営業時間
6 ～18時（冬季整備運休あり）

☎ 01658-5-3031・Fax 01658-5-3019

料　金
往復は大人2,400円、小学生1,200円、未就学児無料（福祉割引あり）

アクセス
旭川紋別道・上川層雲峡インターチェンジから車で30分

秋は眼下に紅葉を一望できる

層雲峡、黒岳の豊かな自然と荘厳な景観が魅力。夏は黒岳駅から散策路入り口まで車いすで移動でき、エゾリスや高山植物を近くで見られる。

車いすのまま標高1,300㍍の黒岳駅（5合目）へ

たきかわスカイパーク

住所
滝川市中島町139の4

営業時間
10〜16時（予約は8時半〜17時）、営業は4月下旬〜11月上旬

☎ 0125-24-3255・Fax 0125-23-3777

料金
大人8,000円、高校生以下4,500円（小学4年生以上対象）

アクセス
ＪＲ滝川駅から車で5分

P P ♿ 👤
※体験は要事前予約／乗り物乗降時などのサポートあり

軽やかに空を舞うグライダー

グライダーの体験飛行ができる。エンジンがなく、風切り音だけの空はまさに鳥たちの世界だ。

車いすから移乗できる

大橋さくらんぼ園

住所
芦別市上芦別町469

営業時間
9〜17時（7月上旬〜8月下旬）、9〜16時（8月下旬〜9月下旬）

☎ 0124-23-0654・Fax 0124-23-2828

料金
大人1,650円〜、小人1,100円〜、未就学児無料（福祉割引あり）

アクセス
ＪＲ富良野駅から車で30分

P P ♿WC 👤
※入り口・通路に段差あり／車いす貸し出しは要予約／車いす使用者対応コースあり（シルバー園は車いすでさくらんぼ狩り可、要予約）／畑まで送迎あり／案内スタッフ常駐／抱っこひもの貸し出しあり

全天候型ドーム（ハウス）で50品種1,500本のサクランボがそろう観光農園。低木せん定で車いすのまま摘める木もある。

広い園内には送迎車もある

大函、銀河の滝、流星の滝

住所
上川町層雲峡

P <HK>
※小函遊歩道は通行禁止

「日本の滝百選」に選ばれた「銀河の滝」＝写真左＝と「流星の滝」を駐車場から間近に見られる。その迫力は圧巻。巨大な岩壁が屏風のように整然と並ぶ壮大な「大函」＝同右＝も見どころだ。

大雪地ビール館

住所
旭川市宮下通11の1604の1

営業時間
11時半〜22時

☎ 0166-25-0400・Fax 0166-25-0401

料金
ランチタイム800円〜、ディナー3,000円〜

P ♿WC <HK>
※2階ジンギスカン席へは階段のみ／1階でのジンギスカンを希望する場合は要予約

併設のビール工場で醸造されたビールを常時数種類提供。地酒もある。

食べる・買う

あさひかわ ラーメン村

P **&WC** ＜HK＞ ※外国語メニューあり

旭川ラーメンを代表する名店8店が自慢の味を提供。

住 所
旭川市永山11の4の119の48

営業時間
11～20時（休業日は店舗により異なる）

☎ 0166-48-2153・Fax 0166-49-2336

食べる・買う

QUON チョコレート 旭川

＜牧野＞
※入り口に段差があるものの、介助者がいれば入店可能

製造などに障がい者が携わる人気チョコレートブランドの北海道1号店。

住 所
旭川市大町1の3の9の23

営業時間
10時半～18時半、火曜休

☎ 0166-76-7455・Fax 0166-76-7454

料 金
テリーヌチョコレート230円（税別）など

食べる・買う

ラーメンの 蜂屋本店

P ＜牧野＞
※車いすで入店可

豚骨とアジのダブルスープと焦がしラードが人気の老舗ラーメン店。

住 所
旭川市3の15左8

営業時間
10～15時半、水曜休

☎ 0166-23-3729

料 金
醤油ラーメン800円など

食べる・買う

フラノマルシェ

P **&LP** **&WC** **&LW** ＜HK＞

2,000種類以上の富良野ブランドを取りそろえる物産センター。ユニークなテイクアウトショップもある。

住 所
富良野市幸町13の1

営業時間
10～19時（7、8月は9時から。11/4～3月は18時まで）

☎ 0167-22-1001・Fax 0167-22-0722

食べる・買う

ふらの ワインハウス

P **&LP** **&WC** **BF対応**
※食事対応可（アレルギー・きざみ食）＝要事前予約＝

富良野市街を一望する丘の上にあり、広大な田園風景と十勝連峰の雄大なパノラマを楽しめる。ワインやラベンダー商品がそろうお土産コーナーも。

住 所
富良野市清水山

営業時間
11～21時、無休

☎ 0167-23-4155・Fax 0167-22-4429

料 金
ふらの風チーズフォンデュ（2～3人用）＝写真＝2,035円

アクセス
JR富良野駅から車で7分

窓が大きく、眺めのよいテーブル席

道北（留萌・稚内・名寄近郊エリア）

オロロンラインで最北の地を訪ねる　3泊4日モデルコース
海岸線を北へ一直線。道北エリアを楽しむ夏のおすすめコース。

1日目

9:00	札 幌 出 発	
	↓ 172$_{キロ}$（高速利用）	
12:00	小　　平	道の駅 おびら鰊番屋で昼食①
		旧花田家番屋
	↓ 27$_{キロ}$	
	羽　　幌	北海道海鳥センター②
	↓ 300$_{メートル}$	
17:00	羽　　幌	はぼろ温泉サンセットプラザで宿泊③

2日目

9:00	ホテル出発	
	↓ 62$_{キロ}$	
10:30	天　　塩	道の駅 てしお④
	↓ 68$_{キロ}$	
12:30	稚　　内	市内で昼食
		北防波堤ドーム⑤、稚内市樺
		太記念館（副港市場内）、稚内
		丸善マリンギフト港店⑥など
	↓ 30$_{キロ}$	
		宗谷岬⑦
	↓ 31$_{キロ}$	
17:00	稚　　内	市内で宿泊

3日目

9:00	ホテル出発	
	↓ 45$_{キロ}$	
10:00	豊　　富	サロベツ原生花園、
		サロベツ湿原センター⑧
	↓ 140$_{キロ}$	
15:00	名　　寄	北海道立サンピラーパーク⑨
	↓ 92$_{キロ}$（高速利用）	
18:00	東 神 楽	森のゆ ホテル花神楽で宿泊⑩

4日目

9:00	ホテル出発	
	↓ 22$_{キロ}$	
9:30	旭　　川	男山酒造り資料館⑪
	↓ 5$_{キロ}$	
10:30	同	井上靖記念館⑫、北鎮記念館⑬、
		三浦綾子記念文学館⑭
	↓ 2$_{キロ}$	
12:00	同	大雪地ビール館⑮、あさひかわラーメン村などで昼食
	↓ 140$_{キロ}$（高速利用）	
17:00	札 幌 到 着	

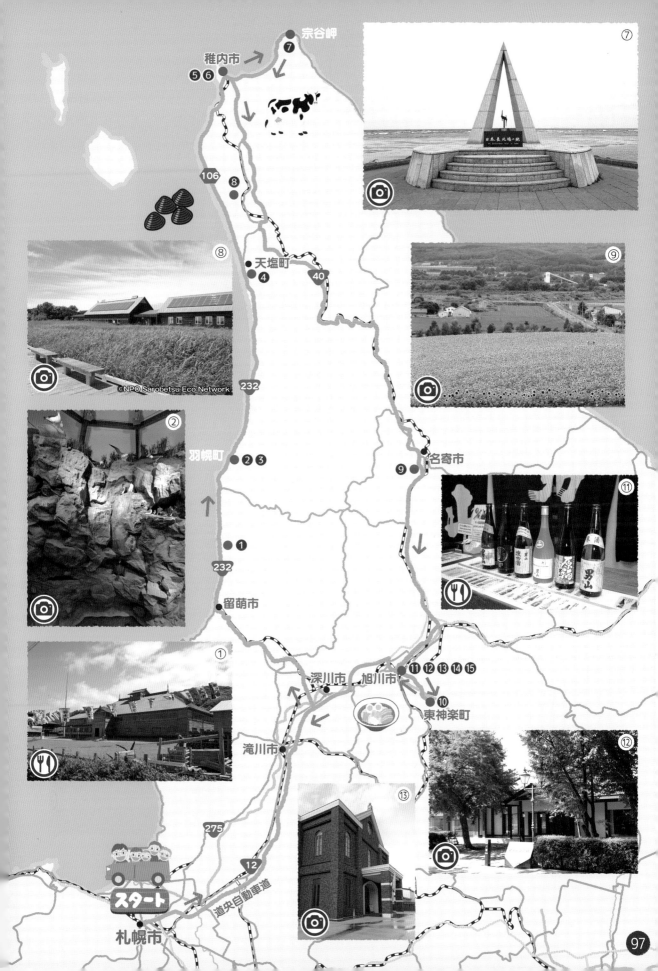

宗谷岬 ⑦

稚内市

⑤⑥

106 ⑧

⑧

40

天塩町

④

232

⑨

羽幌町

② ③

名寄市

⑨

232

①

⑪

留萌市

⑪ ⑫ ⑬ ⑭ ⑮

深川市 旭川市

⑩

東神楽町

滝川市

⑫

275

①

⑬

12

道央自動車道

スタート

札幌市

©NPO Sarobetsu Eco Network

泊まる

アイランド イン リシリ

P / WC / 車椅子 / ハンジング 対応食 BF <HK>

住　所
利尻町沓形富士見町30

営業時間
営業は 6～9 月

☎ 0163-84-3002・Fax 0163-84-3535

料　金
1 泊 2 食18,000円～

※客室に段差あり／食事対応可（アレルギー）＝要事前連絡＝

利尻富士と日本海を望む利尻島の観光拠点。名産のウニや利尻コンブを使った料理も魅力だ。

礼文島プチホテル コリンシアン

P / WC / 車椅子 / 個別 / 対応食 BF <HK>

住　所
礼文町船泊村ウエンナイホ293の 1

営業時間
営業は 4 /26～10/19

☎ 0163-87-3001・Fax 0163-87-3002

料　金
1 泊 2 食 1 人28,100円～

※大浴場に段差あり／食事対応可（アレルギー・量の調整）／客室や食事会場への移動サポートあり

晴れた日はスコトン岬や金田ノ岬、トド島まで一望できる料理自慢の小さな宿。

泊まる

とままえ温泉 ふわっと

P / 車椅子P / 車椅子WC / 案内 / 車椅子 <牧野>

住　所
苫前町苫前119の 1

営業時間
レストラン11時半～20時半、売店 8～18時、無休

☎ 0164-64-2810・Fax 0164-64-2223

※大浴場入り口と一部の宴会場に段差あり／日帰り入浴（10 時半～22 時）あり

天然温泉と、甘エビ丼＝写真＝など新鮮な魚介類を使った料理がおすすめ。

はぼろ温泉サンセットプラザ

P / 車椅子P / WC / 車椅子 / 個別 <HK>

住　所
羽幌町北 3 の 1 の29

☎ 0164-62-3800・Fax 0164-62-4512

※客室に段差あり／日帰り入浴（10～22時半）あり

道の駅併設の温泉宿。オーシャンビューの客室から眺める夕景が美しい。レストランでは名産の甘エビを味わえる。

遊ぶ・見る・体験する

稚内温泉童夢

P / 車椅子P / 案内 / 車椅子WC / 車椅子 <HK>

住　所
稚内市富士見 4 の1487

営業時間
9 時45分～22時、第 1 月曜休

☎ 0162-28-1160・Fax 0162-28-1180

料　金
高校生以上600円、小中学生300円、乳幼児100円（福祉割引あり）

※男性大浴場にライナーリフトあり（介助者の同伴が必要）

日本最北の温泉として「入湯証明書」を発行。11種もの風呂を楽しめる。

宗谷岬

P / WC <HK>

住　所
稚内市宗谷岬

「日本最北端の地」の碑＝写真＝が立つ稚内の観光名所。軍事史跡の旧海軍望楼のほか、探検家・間宮林蔵の立像、祈りの塔などモニュメントが多数設置されている。

稚内市樺太記念館

Ⓟ🅿♿🚾🚻♿ <HK>

住　所
稚内市港1の6の28（稚内副港市場内）

営業時間
10〜17時、無休（11〜3月は月曜休）

☎ **0162-73-6066**（Fax同じ）

料　金
無料

アクセス
ＪＲ稚内駅から車で3分、徒歩11分

樺太と稚内の歴史を学べる展示コーナー

食べる・買う

●稚内副港市場

Ⓟ🅿♿🚾🚻♿ <HK>

住　　所：稚内市港1の6の28
営業時間：8〜23時（店舗により異なる）

☎ **0162-29-0829**・Fax **0162-29-0831**

稚内市樺太記念館が入る稚内副港市場

行ってきました!!

　天気のよい日は樺太（サハリン）が見えることもある稚内。稚内市樺太記念館はＪＲ稚内駅から歩いて11分の複合商業施設「稚内副港市場」の2階にある。目を引くのが樺太出身で昭和の国民的英雄・元横綱「大鵬」の化粧まわし。撮影禁止なので じっくり見ておくほかない。樺太との連絡船が発着した北防波堤ドームと稚内桟橋駅の復元模型や、引き揚げ船の資料なども多数展示している。

　戦争で樺太からの引き揚げを余儀なくされ、多くの人が亡くなったり、つらい思いをしたりした。その苦難の歴史を知り、戦争と平和を考える機会にもなるだろう。予約しておくか、空いていれば職員にガイドしてもらえる。

　稚内副港市場内は多目的トイレやエレベーターなどバリアフリー設備が整っている。

樺太で旧ソ連との境界に置かれた国境標石（複製）

白い道

<牧野>

住　所
稚内市宗谷村宗谷

☎ **0162-23-6468**（稚内市観光交流課）

宗谷丘陵の中を海へと続く白い道。約3㌔にわたって砕いたホタテの貝殻が敷き詰められ、足にふわりと優しい。

北防波堤ドーム

<HK>

住　所
稚内市開運1

　1936年（昭和11年）完成。旧樺太航路の発着場だった稚内港の北埠頭で、道路や鉄道に波しぶきがかかるのを防ぐために造られた。総延長427㍍、高さ13.6㍍。太い円柱が連なる壮大な姿は古代ローマの建築物を思わせる。

旧瀬戸邸

住所
稚内市中央4の8の27

営業時間
10～18時、無休（11～3月は不定休。要問い合わせ）

☎**0162-23-5151**（Fax同じ）

料金
高校生以上200円、小中学生100円

アクセス
ＪＲ稚内駅から徒歩5分

にぎわいを感じる座敷

見事な屏風が置かれた室内

古くて貴重な家具が並ぶ

行ってきました‼

　戦後間もないころ、稚内で底引き網漁業の親方だった瀬戸常蔵氏の住宅を保存して公開している。国の有形文化財に登録されていて、ガイドさんによる解説を受けられる。裏の入り口には車いす用の昇降機が設置されている。

　鹿の角と見間違えるほどの大きさの貴重なサンゴがさりげなく置かれていたり、屏風や炉端も特別あつらえの高級品だったりと、瀬戸家の富と繁栄がうかがえる。天井や照明器具も豪勢な雰囲気を漂わせ、往時がしのばれる。多くの人が集ったのだろう、たくさんの食器やお膳が所狭しと並んでいた。家紋の入った鏡台、レトロな足踏みミシンやたんす、立派なかまどや炊事器具の数々など、かつての暮らしの道具がそのまま残っていて、今でもだれかが住んでいるような自然な空間が保たれている。稚内を訪れるなら懐かしい時代に触れられるこの場所をおすすめしたい。

サロベツ湿原センター

<HK>
※バリアフリー対応の木道あり／筆談可

住所
豊富町上サロベツ8662

営業時間
5～10月は9～17時（6、7月は8時半～17時半）、無休。11～4月は10～16時、月曜休

☎ 0162-82-3232・Fax 0162-82-1009

料金
入館無料。自然ガイドなど有料プログラムあり

©NPO Sarobetsu Eco Network.

日本三大湿原の一つで面積6,700㌶に及ぶ広大なサロベツ湿原の自然を満喫できる。

北海道海鳥センター

<HK>
※2階展示室へは階段のみ

住所
羽幌町北6の1

営業時間
9～17時（11～3月は16時まで）、月曜休

☎ 0164-69-2080・Fax 0164-69-2090

料金
入館無料

道の駅「ほっと♡はぼろ」併設。日本唯一の海鳥専門施設で、天売島のジオラマや体験型展示が充実している。

食べる・買う

キタカラ

🅿️ ♿ 🚻 👤 📷
※施設内はバリアフリーで、車いすで移動できる

住所
稚内市中央3の6の1

営業時間
カフェと土産店は9〜18時、和食料理店とソフトクリーム店は10〜18時

☎ 0162-29-0277・Fax 0162-29-0278

料金
宗谷黒牛のハヤシライス900円、稚内牛乳（Sサイズ）400円など

アクセス
ＪＲ稚内駅と接続、宗谷バスターミナルと一体

稚内ブランドのお土産がたくさん

ＪＲ稚内駅、バスターミナル、映画館、ショップ、カフェ、地域交流センターなどが入る複合施設。カフェでは宗谷黒牛が食べられる。

館内はフラットで、交通機関への移動も便利

食べる・買う

稚内丸善 マリンギフト港店

🅿️ ♿🅿️ 🔊音声 🚻 <HK>

住所
稚内市港1の6の8

営業時間
7時半〜17時

☎ 0162-24-3119・Fax 0162-24-0333

料金
冷凍ボイルタラバガニ足（800㌘）5,500円、タコしゃぶ（500㌘、特製タレ付き）2,860円など

とれたて海産物の販売店。カニ、ホタテ、エビ、スジコ、カズノコ、海産物珍味などの贈答品もある。店内は広々として車いすでも買い物しやすい。

遊ぶ・見る・体験する

北海道立 サンピラー パーク

🅿️ ♿🅿️ 🚻 案内 ♿🚻
👤 ♿ <HK>
※公園内に段差あり

住所
名寄市日進147の2

営業時間
9〜18時（4月は17時まで、11〜3月は10〜22時）

☎ 01654-3-9826・Fax 01654-3-8020

料金
入園無料（カーリングホールのみ有料）

8月はヒマワリ、冬はカーリングなど1年を通して楽しめる道立公園。

遊ぶ・見る・体験する

トロッコ王国美深

🅿️ ♿🚻
※園内に段差あり／車いすのまま乗って運転できるトロッコ車両あり（要事前予約）

住所
美深町仁宇布215

営業時間
運行は4/25〜10/25。9〜16時(1時間ごとに1便)

☎ 01656-2-1065・Fax 01656-2-1090

料金
大人1,500円（2人以上の1人分。1人の場合は1,800円）、中高生1,200円、小学生700円、幼児無料（福祉割引あり）

アクセス
ＪＲ美深駅からデマンドバスで30分（要事前予約）／旭川から車で2時間

川のせせらぎを聞きながら橋を渡る

トロッコは家族で一緒に乗車できる

1985年に廃止された旧国鉄美幸線跡の往復10㌔（約40分）を、エンジン付きトロッコを運転して、渓流沿いの緑の中を走ることができる。

バリアフリー観光のポータルサイト・

道内にはバリアフリー観光の情報提供や旅行相談に乗ってくれるポータルサイトやツアーデスク、観光で利用できる車いすやベビーカーのレンタルサービスなど、北海道観光をストレスなく楽しんでいただくためのサービスがあります。

①バリアフリー観光 in 北海道

北海道のバリアフリー観光情報のポータルサイト。ホテル情報を中心に全道のバリアフリー観光情報を発信しています。

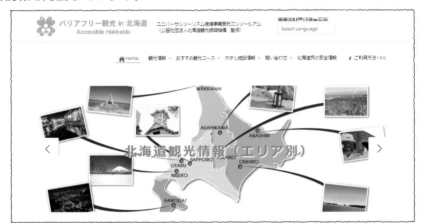

紅葉の豊平峡

十勝が丘展望台

富良野・「北の国から」ロケ地

JR函館駅

(いずれの写真も道内各地のバリアフリーツアーから)

○旅のツアーデスク

メールや電話を中心に旅行の相談や手配を行っています。
「バリアフリールームのある宿を探している」「高齢者・障がい者でも体験できる観光施設やガイドを探している」「おすすめの移動手段や方法を教えてほしい」など、バリアフリー観光について、いろいろ相談できる窓口です。

URL：https://www.hokkaido-ut.com/ja/ 「北海道バリアフリー観光」で検索
☎ 011-788-4170・Fax 011-758-8640（日本UD観光協会）
メール：info@hokkaido-ut.com
住　所：札幌市北区北8西4の18の4

ツアーデスク（相談窓口）

②北海道ユニバーサル観光センター・札幌

＜北海道・札幌　車いす・ベビーカー貸し出しサービス＞

　「脚に不安があるので車いすを利用したい」という高齢者や障がい者、「子どもが小さいので現地でベビーカーを借りたい」という小さな子ども連れの人に向けて、車いす、ベビーカーのレンタルサービスを行っているバリアフリー観光案内所です。

URL：https://www.npohut.net

☎ 070-5289-8631

メール：desk@npohut.net

住　所：札幌市北区北6西4
　　　　　JR札幌駅西コンコース北口
　　　　　北海道さっぽろ「食と観光」情報館

車いす・ベビーカーレンタル料金：
当日500円、1泊2日1,500円、以後1日ごとに1,000円増し

※車いすは背折れタイプ＝**写真①**＝を中心に用意。車のトランクにも収容できます。ベビーカーはA型・B型共用タイプ＝**写真②**＝を用意しています。

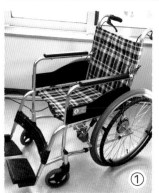

①

②

北海道ユニバーサル観光センター・札幌の入り口

持っていくと便利な旅の道具

旅先ならではの「あれば便利！」「あったら助かる！」道具たちを紹介します。

観光中に

●大判タオル

寒いときはひざ掛け代わり。暑いときは日よけ代わりに使えます。お風呂上がりの温度差対策にも重宝します。

●ウエットタオル（ウエットシート）

動物とふれあったり、欄干につかまったりして指先が汚れたときにさっと使えます。気になった所の拭きとりにも使えます。ノンアルコールタイプとアルコールタイプがあります。

●ジッパー式ビニール袋

足湯や温泉でぬれたタオルや、ぬらしたくない小物、においのある物を入れるなど、さまざまな場面で使えるすぐれものです。

●雨具とタイヤ拭き専用のタオル・車いす専用タイヤカバー（車いす使用の方）

車いすで移動中に傘をさすのは本人、介助者とも困難なので、車いす用のレインコートやポンチョ、介助者も雨がっぱなどがあると安心です。タオルは建物に入るときや雨天時に車いすのタイヤを拭くものと、洋服などを拭くものの2枚を用意しておくと使い勝手がいいです。車いす専用のタイヤカ

 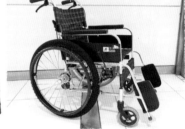

車いす専用タイヤカバー　　　　　　カバーを装着した車いす

バーは室内見学や宿で、床を汚したり、畳を傷つけたりするのを防ぐお役立ちグッズでおすすめです。介護用品を扱うインターネットショップなどで購入できます。

●眼鏡のスペア

どこかに眼鏡を置き忘れてなくしてしまった、フレームが壊れたなど、旅行中に思いがけないトラブルが起きても、眼鏡を新しく作ったり、修理したりするのは大変です。いざというときのためにスペアを用意しておくと安心です。

移動中や就寝時に

●携帯トイレ・紙パンツ・防水シートなどトイレの安心グッズ

渋滞や混雑でトイレがすぐに使えない、就寝中も心配で熟睡できないなど不安を感じて

いる人は、普段利用していなくても用意しておけば安心です。

●クッション

車での移動の際に、クッションに手を置いたり、足元に置いて脚を高くしたり、膝の上に置いて座位を保ったりして疲れを予防しましょう。また、石畳や砂利道、雪道といった悪路を車いすで移動するときに座面や背面に敷いて衝撃を和らげたり、脇や膝上に置いて座位を保ったりするのに役立ちます。意外に利用する機会が多いので用意しておくといいでしょう。大判タオルや子ども用マイクロファイバー毛布などを利用する方法もあります。

食事の際に

●使い慣れた箸・スプーン・フォーク

旅先では滑ってつまみにくい塗り箸しかないこともあるので、持っていくと安心です。

●滑り止めシート

（15ギ四方くらいで柔らかく折りたためるもの）
滑って食べにくい器を安定させたいときに重宝します。テーブルにつえを掛けるときにも有効です。100円ショップで購入できます。

テーブルに敷いた滑り止めシート

※旅先の食事をおいしくいただくためにも、これらのグッズを袋にワンセットにしておくと使いやすいです。

健康管理に

●体温計＆健康管理チェックシート

新型コロナウイルスなどの感染症に気を付けつつ旅を楽しむために、旅前・旅中・旅後の健康には気を配りたいものです。以下のようなチェックシートを作り、起床時に検温して記入し、体調を管理しましょう。

※チェックシートの例

氏名

日　　　付	体　　温	せ　　き	鼻　　水	倦　怠　感	そ　の　他

旅のサポーターサービス

　旅行したいけれど一人では不安。温泉に入りたいけれど一人では難しい。ちょっとしたサポートがあれば、一緒にいてくれる人がいれば、旅行を楽しめるのに！　そんな悩みを解決する旅のサポーターサービスを紹介します。ともに日本ＵＤ観光協会が取り扱っています。

観光介助サポーターサロン

●旅行の同行サポートサービスを行っています

　「一人の旅は何かと心配」「家族旅行のときにお手伝いをしてくれる人がいたら助かる」など、サポートしてくれる人

観光地での移動サポート

列車の乗り降りも安心

がいれば出かけられるというシニアの方や障がいのある方が多いことから、旅行に行きたい人と旅行を支援したい人がつながる互助会が設立されました。サポートする会員のみなさんは、観光と福祉のサービスが学べる資格制度「観光介助士講座」を修了した方たちです。

●利用方法

　事務局へ相談・問い合わせ→申し込み・会員登録→要望に合わせてマッチング→最終確認→サポーター（観光介助士）と旅行へ

乗車・降車もお手伝い

●このような支援をしています

　車いすサポート／食事の取り分けや介助／荷物持ち／乗降時などの見守り・声かけ／移乗介助／手引きサポート／トイレ介助／入浴介助／就寝時や起床時のお手伝い／安心・安全に配慮した目配りや気配り／服薬確認など

サポーターと楽しく食事

●料金の目安

・観光介助　１時間あたり 2,500 円〜（最低２時間から利用可能）
・コーディネート料　観光介助にかかわる費用の 10%
※同行する観光介助士の交通費・宿泊代・食事代など別途実費が必要となります。
※希望するサポートの内容により料金は異なります。

観光地の段差も乗り越えられる

北海道三助倶楽部 <small>（さんすけ）</small>

●温泉入浴をサポート

旅先にて、一人で大浴場で入浴するのは不安という高齢の
方に、温泉入浴を手伝うサービスを実施しています。温
泉観光と入浴サポートの研修を受けた有資格者で現代の
温泉観光サポーター「三助」が手伝ってくれます。

大きなお風呂に満足

●サービスの流れの例

いざ温泉へ
・部屋へ出迎え、入浴準備
・大浴場へのエスコート
・着替え

▶

入浴
・洗髪、背中流し
・湯船へのエスコートなど
・温泉や観光に関するよもや
　ま話も

▶

湯上がり
・着替え、整髪、水分補給など
・部屋への見送りなど

温泉のよもやま話をしながら楽しく入浴

三助といえば「お背中流し」

●体験時間の目安

90分（利用できる時間は地域
によって異なります）

●料金の目安

1回1人1万円〜（場所、内容により異なるので問い合わせを）
※このプランは介添えがあれば歩行が可能な人が対象です。

■ 問い合わせ ────────

日本ＵＤ観光協会 ［〒060-0808 札幌市北区北8西4の18の4］
☎ 011-788-4170・Fax 011-758-8640
メール：info@juta.jp　ホームページ：https://www.juta.jp

■道内では日本ＵＤ観光協会のほかにも、以下の団体が旅のサポートを行っています。
・道東（弟子屈町）：てしかがえこまち推進協議会（通称ＵＤプラザ）
　　　　☎ 015-482-7111（事務局：ピュア・フィールド風曜日）
・道北（旭川市）：特定非営利活動法人　旅とぴあ北海道　☎ 0166-32-3910

地域や団体によってサービスの内容や料金も違ってきます。自分に合ったサポートサー
ビスを探してみましょう。

北海道でバリアフリー旅を してみた

　ちょっとしたサポートやバリアフリー観光の情報があれば、あきらめていた旅行を再開したり、ストレスなく旅を楽しんだりできます。これまでＨＫワークスが企画したバリアフリー旅行に参加した人たちの声を紹介します。

● 観光介助士と一緒に

●お手伝いしてくれる人がいれば大丈夫かなと思い、夏の道南へ行ってきました。介護を始めてから母と旅行するのは、何年ぶりだろう。いつもと違う風景の中、一緒にトマトをもいで食べたり、ペンダントづくりに挑戦したり、温泉に漬かったりした…。旅行から帰ってきて、うれしそうにペンダントをしている母を見て、思い切って出かけてよかったと思いました。

　　　　　　　道内　40代女性（家族）

●おじいちゃんとおばあちゃんを温泉の大きな風呂に入れてあげられたのが、何よりでした。普段家で介護をしている妻も温泉や食事を楽しめ、よかったと思います。相談できるところがあると、無理だと思っていたことが可能になると分かりました。

　　　　　　　　　　　　　　　　　　　道内　60代男性（家族）

●もう一度故郷に行きたいという父の言葉をかなえたくて、自分たちだけでは厳しいと、観光介助を依頼。会いたかった人や、懐かしい景色を見てキラキラした父の目！　家族にとって何よりもうれしかった。

　　　　道内　60代男性（家族）

●手話通訳をしてくれる人＝右端＝
と一緒だと、こんなにも安心して
くつろげるとは。

道内　聴覚障がい　80代と70代のご夫婦

バリアフリー観光　あって良かった

●無理だと思っていた露天風呂に、車いすのまま入れました。実現できてうれしかった。

本州　車いす使用　50代女性

●海で遊ぶ！　水陸両用の車いすってすごいです。

本州　車いす使用　20代男性

●車いすに乗ったままサクランボ狩りができるというので孫たちと出かけました。皆で
一緒に楽しめるっていいなぁ。

道内　車いす使用　70代女性

●北海道の秋を楽しみたいと両親と道東へ。車いすの母も一緒に散策ができる木道を教
えてもらい、真っ赤なサンゴ草を近くで見ることができました。

本州　50代女性（家族）

●大好きな海鮮料理が食べたいけれど、かみ切れない不安を予約の時に相談したら、み
んなと同じ料理を食べやすい大きさにカットしてくれた。同じ物を食べられ感動でいっ
ぱい。

道内　80代男性

北海道交通マップ

移動と距離の目安

　北海道は日本の国土面積の約2割を占め、中心地・札幌から南の函館まで、車での走行距離は310キロ、北の稚内までは335キロ、東の世界遺産知床・斜里までは380キロと、とても離れています。北海道を旅行する際はこちらの地図を活用して大まかな距離と時間を調べてから旅行計画を立てられることをおすすめします。

JR　JRの主要な駅

新幹線停車駅

✈　空港

空　路
鉄　道
高速道路（高規格道路含まず）
国　道

自動車での距離と所要時間

JR（乗換なし）距離と所要時間

飛行機での所要時間

フェリーでの所要時間

稚内⇔礼文（1時間55分）
稚内⇔利尻（1時間40分）
新千歳⇔稚内（55分）
札幌⇔稚内 335キロ（5時間10分）
札幌⇔稚内（特急）396.2キロ（5時間10分）
新千歳⇔利尻（50分）
丘珠⇔利尻（1時間）
札幌⇔旭川 140キロ（1時間50分）
札幌⇔旭川（特急）136.8キロ（1時間25分）
札幌⇔富良野 115キロ（2時間）
札幌⇔小樽 40キロ（50分）
札幌⇔小樽（快速）33.8キロ（35分）
札幌⇔帯広 195キロ（3時間）
札幌⇔帯広（特急）220.2キロ（2時間30分）
丘珠⇔函館（45分）
新千歳⇔釧路（45分）
札幌⇔新千歳空港 50キロ（50分）
札幌⇔新千歳空港（快速）46.6キロ（35分）
新千歳⇔函館（40分）
江差⇔奥尻（2時間20分）
函館⇔奥尻（30分）
札幌⇔函館 310キロ（4時間20分）
札幌⇔函館（特急）318.7キロ（4時間）
新函館北斗⇔新青森（新幹線）（1時間）
木古内⇔新青森（新幹線）（50分）

礼文空港　稚内　稚内空港
利尻空港
留萌
旭川　旭川空港
北海道医療大学
富良野
丘珠空港
小樽
札幌
ニセコ　新千歳空港　新夕張
洞爺　東室蘭　新千歳空港　南千歳　鵡川
室蘭
奥尻空港
大沼公園　新函館北斗
江差　函館
木古内　函館空港

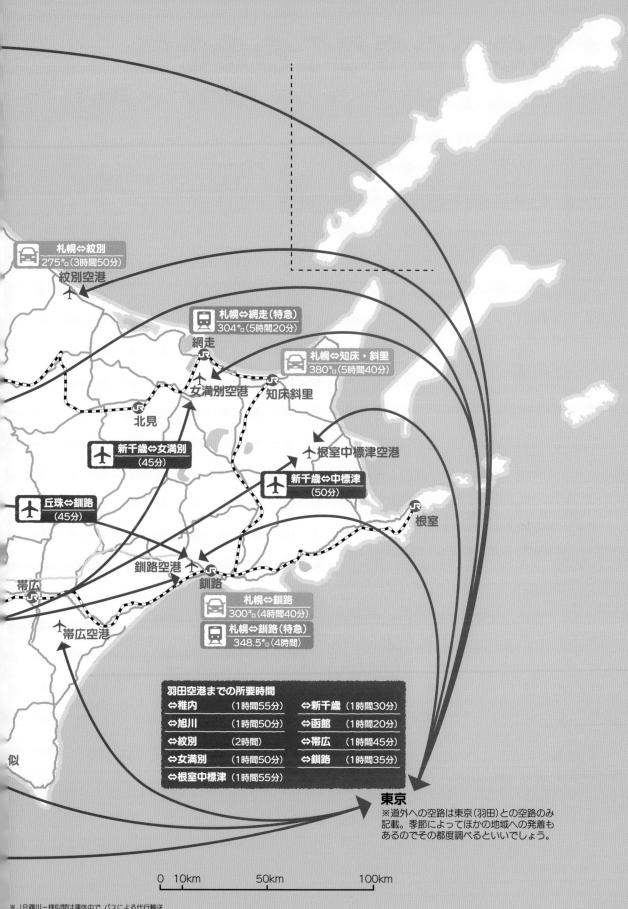

札幌⇔紋別
275㌔（3時間50分）
紋別空港

札幌⇔網走（特急）
304㌔（5時間20分）
網走

札幌⇔知床・斜里
380㌔（5時間40分）
知床斜里

女満別空港

北見

新千歳⇔女満別
（45分）

根室中標津空港

新千歳⇔中標津
（50分）

丘珠⇔釧路
（45分）

根室

釧路空港
釧路

帯広

帯広空港

札幌⇔釧路
300㌔（4時間40分）

札幌⇔釧路（特急）
348.5㌔（4時間）

似

羽田空港までの所要時間			
⇔稚内	（1時間55分）	⇔新千歳	（1時間30分）
⇔旭川	（1時間50分）	⇔函館	（1時間20分）
⇔紋別	（2時間）	⇔帯広	（1時間45分）
⇔女満別	（1時間50分）	⇔釧路	（1時間35分）
⇔根室中標津	（1時間55分）		

東京
※道外への空路は東京（羽田）との空路のみ
記載。季節によってほかの地域への発着も
あるのでその都度調べるといいでしょう。

0 10km   50km   100km

※ＪＲ鵡川－様似間は運休中で、バスによる代行輸送

車いすでの交通機関の利用

―――――― 飛行機、レンタカー、タクシー、鉄道、フェリー、路線バス

　飛行機や鉄道、フェリーなど普段はあまり利用しない乗り物に乗るのは、旅ならではの醍醐味です。また観光タクシーやＵＤ（ユニバーサルデザイン）仕様のレンタカーなど、移動を楽にしてくれる乗り物を使ってみるのも新しい発見があります。ここでは車いす使用者がこれらの乗り物を利用する際知っておくと便利な事柄を、いくつか紹介します。

● 飛行機

　短時間で移動が可能な飛行機は、広い北海道を旅する際に便利な乗り物です。

　主な航空会社のホームページには手伝いを必要とする利用者向けのサービス内容について、相談、事前申告などができる専用電話番号が載っています。

　初めにホームページで情報を得てから専用電話にかけると航空券の予約や購入がスムーズです。

昇降機などがない場合でも、係員が階段の乗降をサポートしてくれる飛行場もあります

・空港に到着後、飛行機に乗るまでの流れについてホームページに詳しく載っています。

・車いすを使って飛行機に乗る際、自分の車いすは手荷物として預けなくてはなりません（無料で預かってくれます）。そこで、車いすのサイズや重量、種類（手動や電動など）を事前に申告する必要があります。
　※サイズなどによって搭載できない場合や、電動車いす用バッテリーは飛行機による運送に制限があるため。

・料金については、航空会社によって障がい者割引設定があります。
　障がい者割引は予約変更、取り消し料が無料（払い戻し手数料が必要）です。
　また同行する介助者も対象となる場合があります。
　他に、早期割引などお得なチケットも出ています。こちらは予約変更が利かない、取り消し料の発生など制約があります。どちらが得か、使いやすいかを比べ購入することをおすすめします。
　※航空会社によっては、障がい者割引が設定されていない場合もあります。
　※トイレや飲食、移動に介助が必要な人は同伴者が必要です。

・機種により車いす使用者が利用できるトイレもありますが、狭かったり、揺れたり、動きづらかったりなど、不便もあります。最初に乗って最後に降りることを考えると、事前に用を済ませておく、また介護用パンツなどを用意することをおすすめします。

〈予約から搭乗・到着までの流れの一例〉

　予約する時に電話で車いすを使用することを伝え必要事項を申告→　空港に到着したら、搭乗手続きカウンターで搭乗手続きをする→　自分の車いすや荷物を預ける→　貸し出し用車いすに乗り換える→　保安検査場へ→　検査終了後、搭乗口へ移動→　事前

改札サービスで最初に機内へ案内→　到着したら、最後に係員が機外へ案内→　手荷物受取所で預けた車いすを係員が直接渡してくれる

〈主な航空会社のバリアフリー情報ページ〉

- JAL　手伝いを希望する利用客への案内　https://www.jal.co.jp/jalpri/
  - ・車いすや医療機器の手配、病気やけがでの手伝い、相談を希望する利用客の専用デスク
    - ☎ 0120-747-707　年中無休 9:00 〜 17:00
    - ☎ 03-5460-3783
  - ・乳幼児連れ、妊娠中、高齢などの利用客の専用デスク
    - ☎ 0120-25-0001　年中無休 9:00 〜 17:00
    - ☎ 011-242-2525
- ANA　体の不自由な利用客への案内
  https://www.ana.co.jp/ja/jp/serviceinfo/share/assist/
  - ・体の不自由な人の航空機利用に関する相談デスク
    - ☎ 0120-029-377　年中無休　9:00 〜 17:00
    - ☎ 03-6741-8900

● レンタカー

　UD仕様車(福祉車両)がレンタルできる会社もあります。予約する際に身体状況や、荷物、人数などを伝えてアドバイスを受けると借りる車を決める際に役立ちます。

　車両は大きく分けて2種類あります。
①車いすに座ったまま乗車できるタイプ（車いすを固定します）
②座席シートが回転したり、昇降したりして車外で乗降できるタイプ（脚の上げ下げがつらい人にもおすすめ）

リフト付きタイプのレンタカー

　福祉割引が設定されている会社もあるので、予約時に問い合わせてみましょう。

　乗る前に必ず使い方の確認をしましょう。座席シートの操作や車いすを固定する方法など車により違いがあるので、けがや事故につながらないよう必ず試して、確認してください。

　空港など、レンタカーを借りる場所が離れていることがあります。例えば、車いす対応の送迎車があるのか、近くまでレンタカーを持ってきてもらえるのかなど、対応可能な事項を事前にチェックしておきましょう。

横から見たレンタカーのリフト

〈主なレンタカー会社のバリアフリー情報ページ〉

● ニッポンレンタカー　福祉車両
　https://www.nipponrentacar.co.jp/car_price/bus.html
　ニッポンレンタカー北海道予約センター (福祉車両)　☎ 0120-46-0919

● トヨタレンタカー　ウェルキャブ（福祉車両）
　https://rent.toyota.co.jp/service/welcab/charge.aspx
　トヨタレンタカー予約センターウェルキャブ専用
　☎ 0800-7000-294　年中無休　8:00 ～ 20:00
　※一部の電話・回線からは、つながらない場合があります。

● タクシー

　車を運転できる人がいない場合や、慣れない土地での運転は不安な人に、タクシーは便利な乗り物です。

・最近では車いす対応型のタクシーも増えていますが、時期や時間、場所によって混み合ったり、台数が少なかったりします。事前に予約をしておくと安心です。
・北海道観光振興機構が「夢大地北海道ガイドタクシー」の認定制度を実施しており、札幌では観光知識や接遇マナーの専門研修を受け認定を得、利用客のニーズに応えるおもてなしの心を備えた乗務員が運転する観光タクシーが利用できます。
　※ホームページには、認定乗務員の一覧や、モデルコース、料金の目安などが載っています。

〈夢大地北海道ガイドタクシーの情報ページ〉

　https://yumedaichi.visit-hokkaido.jp
　問い合わせ先　☎ 011-231-2323　平日 9：00 ～ 17：00

　料金は会社によって違ってくるので、事前見積もりを取っておくことが大切です。
　観光地をタクシーで周遊するとき、一緒に車いすがレンタルできることもあるので予約の際に問い合わせてみましょう。

● 鉄道

　鉄道は同行者と共に、景色やおしゃべり、駅弁を食べるなど、旅の楽しさを広げてくれます。

・長距離移動に適した特急は車いす専用の席や、車いす対応のトイレが設置されているものが多くなりましたが全てではありません。また席数には限りがあります。事前にホームページやみどりの窓口などへ問い合わせて確認しておきましょう。
・ホームページの「ＪＲ北海道バリアフリーガイド」にお手伝い内容や注意事項、駅や車内の設備情報などが載っています。
・福祉割引制度があります（同行者の割引などは等級により異なります）。
・階段のみでエレベーターなどの設備がない駅があります。事前に問い合わせて、車いすでの利用が可能かどうかを確認しておきましょう。

例…札幌駅
　　　エレベーターを
　　　利用してホーム
　　　への移動が可能
　　小樽駅
　　　エスカレーター
　　　を車いす仕様に
　　　変えて移動が可
　　　能
・時間帯や人員などの関
　係でお手伝いが困難な
　場合もあるため、事前
　に問い合わせて確認し
　ておきましょう。

乗降の際は駅員がサポートしてくれます

駅によっては車いす対応エスカレーターがあります

・問い合わせの際に聞かれることは次の通りです。
　利用日、利用期間、利用列車、切符の購入の有無、同行者の有無、車いすの有無（手動・
　電動などの種類）、復路の利用、連絡先など

〈JR 北海道のバリアフリー情報ページ〉

●ＪＲ北海道バリアフリーガイド
　https://www.jrhokkaido.co.jp/network/barrier/index.html

●体の不自由な人へ（手伝いの必要な人へ）
　https://www.jrhokkaido.co.jp/network/barrier/okarada.html

　各駅のバリアフリー設備情報は https://www.ecomo-rakuraku.jp/ja（らくらくおで
かけネット）で駅名から検索すると住所、電話番号、車いすでの移動情報が得られます。

フェリー

　北海道には奥尻や利尻、礼文などの離島があ
ります。島に渡ってからの移動や観光を考えた
とき、車と一緒に乗船できるフェリーは便利な
乗り物です。
　道内の離島を結ぶ航路のうち、利尻、礼文、
奥尻を本島と結ぶハートランドフェリーは、
ゆったりとした車いす専用席、車いす対応の
多目的トイレなどバリアフリー設備を備えた
フェリーを運航しています。福祉割引の制度も
あります。

船内の駐車スペースから客室階までエレベーターで移動できるフェリーもあります

〈ハートランドフェリーの
　　　　バリアフリー情報ページ〉

●ハートランドフェリー
　フェリーの紹介　http://www.heartlandferry.jp/introduce/
　※各フェリーの船内図やバリアフリー席の情報が見られます。

車いすでの乗船について　利尻・礼文航路はすべてのターミナルでボーディングブリッジからそのまま乗船が可能。奥尻航路はタラップから乗船しますが、係員が手伝ってくれます。

路線バス

　　事前に予約が必要な場合が多く、途中での乗降が困難な停留所が多いです。地方によっては車いす対応のバスが少ないところもあります。

※北海道中央バスは新千歳空港〜札幌駅間で車いす対応エレベーター付き車両を運行しています。

　　北海道中央バス月寒営業所　☎ 011-857-2772
　　一日各2便、1便につき1人乗車できます。乗車の1カ月前〜前日17時までに電話での予約が必要です。

〈主な路線バスのバリアフリー情報ページ〉

●北海道中央バス
　ターミナル窓口一覧
　https://www.chuo-bus.co.jp/support/telephone/index.php#T-E

●JR北海道バス
　車いすでバスを利用する人へ　https://www.jrhokkaidobus.com/ticket/bfree/
　※連絡先一覧もこのページに載っています。

●十勝バス
　ポケット時刻表に車いす対応車両の運行時間を記載、確認のうえ乗車できます。
　※点検のため対応車両が運行しない場合があります。また、土日祝は車両が異なるので確認が必要です。
　スロープが付いていない車両では、車いすが折りたためない場合や、付添人がいない場合など、乗車できないことがあります。
　ポケット時刻表　https://www.tokachibus.jp/rosenbus/timetable/

路線バスではスロープを設置して乗降を手伝ってくれます

共通

　　時間に余裕を持ってスケジュールを組むことが旅を楽しむコツです。
　　係員の手伝いが期待できない状況や、ハード面で利用が困難な場合のほか、受け付けや移動に思っていた以上に時間がかかり、待機時間が長くなってしまうこともあります。事前の問い合わせは必須。予約が可能ならばしておきましょう。
　　また案内や、手続き、乗車などに時間を要するので、空港や駅へは早めに到着するようにしましょう。

困ったときの連絡先

　旅行中にけがをしてしまった、車いすのタイヤがパンクしてしまったなど、困ったことが起きた場合の連絡先やホームページです。旅先でお役立てください。

◆救急病院一覧

地域		病院名	住所	電話	救命救急
全道域		札幌医科大学付属病院	札幌市中央区南1西16-291	011-611-2111	◎
道南	南渡島	市立函館病院	函館市港町1-10-1	0138-43-2000	○DH
	南檜山	北海道立江差病院	江差町伏木戸町484	0139-52-0036	
	北渡島檜山	八雲総合病院	八雲町東雲町50	0137-63-2185	
道央	札幌	市立札幌病院	札幌市中央区北11西13-1-1	011-726-2211	○
		北海道大学病院	札幌市北区北14西5	011-716-1161	
		北海道医療センター	札幌市西区山の手5-7-1-1	011-611-8111	○
		手稲渓仁会病院	札幌市手稲区前田1-12-1-40	011-681-8111	○DH
	後志	小樽市立病院	小樽市若松1-1-1	0134-25-1211	
		倶知安厚生病院	倶知安町北4東1-2	0136-22-1141	
	南空知	岩見沢市立総合病院	岩見沢市9西7-2	0126-22-1650	
	中空知	砂川市立病院	砂川市西4北3-1-1	0125-54-2131	●
	北空知	深川市立病院	深川市6-6-1	0164-22-1101	
	西胆振	日鋼記念病院	室蘭市新富町1-5-13	0143-24-1331	
		市立室蘭総合病院	室蘭市山手町3-8-1	0143-25-3111	
		伊達赤十字病院	伊達市末永町81	0142-23-2211(内線214)	
	東胆振	王子総合病院	苫小牧市若草町3-4-8	0144-32-8111	
		苫小牧市立病院	苫小牧市清水町1-5-20	0144-33-3131	
	日高	浦河赤十字病院	浦河町東町ちのみ1-2-1	0146-22-5111	
道北	上川中部	旭川赤十字病院	旭川市曙1-1-1-1	0166-22-8111	○DH
		旭川医科大学病院	旭川市緑が丘東2-1-1-1	救急受付 0166-66-9901	○
	上川北部	名寄市立総合病院	名寄市西7南8-1	01654-3-3101	●
	富良野	富良野協会病院	富良野市住吉町1-30	0167-23-2181	
	留萌	留萌市立病院	留萌市東雲町2-16-1	0164-49-1011	
	宗谷	市立稚内病院	稚内市中央4-11-6	0162-23-2771	
オホーツク	北網	北見赤十字病院	北見市北6東2	0157-24-3115	○
		網走厚生病院	網走市北6東1-9	0152-43-3157	
	遠紋	広域紋別病院	紋別市落石町1-3-37	0158-24-3111	
		遠軽厚生病院	遠軽町大通北3-1-5	0158-42-4101	
十勝	十勝	帯広厚生病院	帯広市西14南10-1	0155-65-0101	○
釧路・根室	釧路	市立釧路総合病院	釧路市春湖台1-12	0154-41-6121	○DH
	根室	市立根室病院	根室市有磯町1-2	0153-24-3201	
		町立中標津病院	中標津町西10南9-1-1	0153-72-8200	

※北見市の救急外来については「北見市休日夜間急病センター　北見市北6西2-1(北見市保健センター1階)0157-25-0099」
救命救急…◎高度救命救急センター　○救命救急センター　●地域救命救急センター　DHドクターヘリ基地病院
【救命救急センター】原則、重症および複数の診療科領域にわたるすべての重篤な救急患者を24時間体制で受け入れる3次救急医療機関として北海道知事が指定した救命救急センター

◆車いすがパンクしたとき

北海道自転車軽自動車商業協同組合　・北海道の登録店（http://www.hbd.or.jp/members/）

車いすメンテナンスショップ（日商連認定）が検索できます。
　※車いすの修理（有料）をしてくれる自転車店です。車いす・電動車いすの種類やタイヤのサイズによっては、修理を受けられない場合もあります。

◆オストメイト対応のトイレを探している

オストメイトJP　・北海道のオストメイト対応トイレ情報（https://www.ostomate.jp/list/l/1.html）
オストメイトトイレを検索できます。

◆車いす対応トイレを探している

Check a Toilet　・トイレを検索する（https://checkatoilet.com/map/）
車いす対応やベビーシート、駐車施設があるトイレを検索できます

障がい者割引施設一覧

　障がい者手帳（身体障害者手帳、精神保健福祉手帳、療育手帳）の提示による割引がある施設を紹介します。
　障がい種別や等級などにより対象とならない場合もあるので、事前に問い合わせたり、ホームページで確認することをおすすめします。
　旅行の計画を立てる際にぜひ活用してください。

■施設

施設名	住所	電話番号	本誌掲載
＜無料となる施設＞			
北海道立三岸好太郎美術館	札幌市中央区北 2 西 15	011-644-8901	
北海道立近代美術館	札幌市中央区北 1 西 17	011-644-6881	23ページ
札幌彫刻美術館	札幌市中央区宮の森 4-12	011-642-5709	
札幌市時計台	札幌市中央区北 1 西 2	011-231-0838	19ページ
札幌市円山動物園	札幌市中央区宮ヶ丘 3-1	011-621-1426	22ページ
大丸札幌店（展覧会）	札幌市中央区北 5 西 4-7	011-828-1111	
札幌芸術の森	札幌市南区芸術の森 2-75	011-592-5111	23ページ
国営滝野すずらん丘陵公園	札幌市南区滝野 247	011-592-3333	
札幌サンプラザ （プール）	札幌市北区北 24 西 5	011-758-3111	
さっぽろ羊ケ丘展望台	札幌市豊平区羊ケ丘 1	011-851-3080	
北海道博物館	札幌市厚別区厚別町小野幌 53-2	011-898-0466	
野外博物館 北海道開拓の村	札幌市厚別区厚別町小野幌 50-1	011-898-2692	23ページ
旭川市科学館サイパル	旭川市宮前 1-3-3-32	0166-31-3186	
旭川市旭山動物園	旭川市東旭川町倉沼	0166-36-1104	90ページ
北海道立旭川美術館	旭川市常磐公園内	0166-25-2577	
三浦綾子記念文学館	旭川市神楽 7-8-2-15	0166-69-2626	89ページ
井上靖記念館	旭川市春光 5-7	0166-51-1188	90ページ
北海道立函館美術館	函館市五稜郭町 37-6	0138-56-6311	
市立室蘭水族館	室蘭市祝津町 3-3-12	0143-27-1638	
北海道立釧路芸術館	釧路市幸町 4-1-5	0154-23-2381	
釧路市動物園	釧路市阿寒町下仁々志別 11	0154-56-2121	
おびひろ動物園	帯広市緑ヶ丘 2	0155-24-2437	
北海道立帯広美術館	帯広市緑ヶ丘 2	0155-22-6963	
小樽市総合博物館	小樽市手宮 1-3-6	0134-33-2523	44ページ
なよろ市立天文台 きたすばる	名寄市日進 157-1	01654-2-3956	
北網圏北見文化センター プラネタリウム	北見市公園町 1	0157-23-6700	

※同伴者の割引内容は施設により異なります

施設名	住所	電話番号	本誌掲載
＜割引となる施設＞			
JR タワー展望室 タワー・スリーエイト	札幌市中央区北 5 西 2-5　JRタワーイースト 38 階	011-209-5500	19ページ
渡辺淳一文学館	札幌市中央区南 12 西 6-1-414	011-551-1282	
さっぽろテレビ塔	札幌市中央区大通西 1	011-241-1131	17ページ
白い恋人パーク	札幌市西区宮の沢 2-2-11-36	011-666-1481	22ページ
ノースサファリサッポロ	札幌市南区豊滝 469-1	080-1869-6443	
シャトレーゼ ガトーキングダム サッポロ（プール・温泉）	札幌市北区東茨戸 132	011-773-3311	
札幌市青少年科学館	札幌市厚別区厚別中央 1-5-2-20	011-892-5001	23ページ
サンピアザ水族館	札幌市厚別区厚別中央 2-5-7-5	011-890-2455	23ページ
大倉山展望台リフト	札幌市中央区宮の森 1274	011-641-8585	22ページ
函館山ロープウェイ	函館市元町 19-7	0138-23-3105	59ページ
五稜郭タワー	函館市五稜郭町 43-9	0138-51-4785	60ページ
北一ヴェネツィア美術館	小樽市堺町 5-27	0134-33-1717	
おたる水族館	小樽市祝津 3-303	0134-33-1400	
登別伊達時代村	登別市中登別町 53-1	0143-83-3311	
登別マリンパークニクス	登別市登別東町 1-22	0143-83-3800	35ページ
のぼりべつクマ牧場	登別市登別温泉町 224	0143-84-2225	35ページ
サケのふるさと 千歳水族館	千歳市花園 2-312	0123-42-3001	32ページ
休暇村 支笏湖	千歳市支笏湖温泉	0123-25-2201	30ページ
博物館網走監獄	網走市呼人 1-1	0152-45-2411	81ページ
洞爺湖汽船	洞爺湖町洞爺湖温泉 29	0142-75-2137	34ページ
十勝千年の森	清水町羽帯南 10 線	0156-63-3000	76ページ
トロッコ王国美深	美深町仁宇布 215	01656-2-1065	101ページ
後藤純男美術館	上富良野町東 4 線北 26 号	0167-45-6181	92ページ
有珠山ロープウェイ	壮瞥町昭和新山 184-5	0142-75-2401	
松前城・松前城資料館	松前町松城 144	0139-42-2216	

※本人および同伴者の割引内容は施設により異なります

交通機関の割引については下記の札幌市ホームページに分かりやすくまとめられています。
札幌市（交通機関の利用）https://www.city.sapporo.jp/shogaifukushi/guide/ido-shien01.html

編集後記

　「年を取っても温泉を楽しみたい」「車いすでも北海道を体験したい」。そんなお客さまの声を励みに、HKワークスがバリアフリー観光に携わって10年以上がたちました。

　ご高齢の方、お体が不自由な方など、誰もが楽しめるやさしい旅。北海道を旅行した人がみんな元気になって笑顔で帰っていく―。そんな旅や観光地づくりを目指して取り組んできました。

　この本は、そうした方々に手にしていただき、旅をすることをあきらめず実現させ、新しい出会いや、思い出の場をつくることの手助けになればとの願いを込めて製作しました。北海道の豊かな自然や文化、おいしい食事、心身ともに癒やされる温泉など、バリアフリーな北海道を発見し、存分に味わい、楽しんでいただければ幸いです。

　共著の牧野からは、車いす使用者である自分が実際に行ってみて、気持ちよく楽しめた箇所をご紹介しました。旅行を楽しみたいと思う気持ちは誰でも同じです。障がいのある方が本当は家族や仲間と行きたいけれど迷惑になるのではないか、自分が行ける場所なのかとためらい、我慢していることもあると思います。

　施設が必ずしもバリアフリーではなくても、その担い手が優しい意識と配慮をもつことで「バリア」はなくなります。サポートの仕方を知っているだけでも利用する側は助かります。そのすべを知らないと、どう接していいのか分からず、お互いが気まずい思いをすることもあるのではないでしょうか。

　北海道にはすてきな場所、隠れた名湯、名店などがまだまだたくさんあります。もっと掘り下げご紹介する機会があればと思います。

　本書出版に当たっては、ご協力を頂いた掲載施設、携わっていただいた多くの皆さまに心より感謝申し上げます。

　最後に、厳しくも優しく叱咤(しった)激励し、出版まで導いてくださった北海道新聞社出版センターの西村さん（現・読者センター）、三浦さん、本当にありがとうございました。

ＨＫワークス　一同

牧野　准子

■著者略歴

（株）HKワークス　林克郎、吉田拓哉

旅行業を主たる業務に2006年設立。その後、北海道の着地型観光、特にバリアフリー観光や体験型観光のコンサルティングにも取り組む。バリアフリー観光需要に関しては、個人や小グループ向けに「こだわり」の商品づくりに努める。コンサルティングでは、国や地方自治体、企業、大学などを顧客に、旅行業で培った経験とネットワークを活用したバリアフリー関連事業を、商品企画からPRまで一貫して展開。北海道観光振興機構、札幌観光協会会員

ファクス：011-758-8640

メール：info@hkworks.co.jp　ホームページ：https://hkworks.co.jp

牧野准子

1996年から建築デザイン会社代表取締役として、道内の病院、店舗などのデザインを手掛ける一方、まちづくり活動に参加。2005年に進行性の脊髄の難病を発症し車いす使用者に。傷心の時期を乗り越え、17年にユニバーサルデザイン(有)環工房として事業を再開。「車いす建築士」目線で建物のバリアフリーにかかわる調査や提言、ノーマライゼーションの理念を実現するまちづくり活動などに取り組む。講演実績は700回超。18年度北海道男女平等参画チャレンジ賞輝く女性のチャレンジ賞受賞

メール：kan_jn@yahoo.co.jp　ホームページ：https://kankoubou.jimdo.com/

北海道バリアフリー観光ガイド

2020年10月9日　初版第1刷発行

著　者	HKワークス、牧野准子	
発行者	菅原淳	
発行所	北海道新聞社	
	〒060-8711　札幌市中央区大通西3丁目6	
	出版センター（編集）011-210-5742	
	（営業）011-210-5744	
印刷所	中西印刷株式会社	

落丁・乱丁本は出版センター（営業）にご連絡ください。お取り換えいたします。

ISBN978-4-86721-000-0